SANDRA GEISSLER

# Zwischen Gedanken

## Von hohen Ansprüchen, dem Boden der Tatsachen und der Kunst, mittendrin zu glauben

neukirchener

FSC
www.fsc.org
MIX
Papier | Fördert gute Waldnutzung
FSC® C014496

Bibliografische Information der Deutschen Nationalbibliothek:
Die Deutsche Nationalbibliothek verzeichnet diese Publikation in der Deutschen Nationalbibliografie; detaillierte bibliografische Daten sind im Internet über http://dnb.d-nb.de abrufbar.


Umschlaggestaltung: Miriam Gamper-Brühl, Essen, www.3kreativ.de
unter Verwendung der Bildern von stock.adobe.com:
Shutterstock/marukopum (Hintergrund), Shutterstock/DODOMO (Gesichter)
Lektorat: Anja Lerz, Moers
DTP: Burkhard Lieverkus, Wuppertal
Verwendete Schriften: Scala Pro, Scala Sans, Summer Festival
Gesamtherstellung: GGP Media GmbH, Pößneck
Printed in Germany
ISBN 978-3-7615-6974-0 Print
ISBN 978-3-7615-6975-7 E-Book

www.neukirchener-verlage.de

# Inhalt

# 1. Zwischen Wollen und Können

An einem kalten, trüben Herbsttag stand ich zum ersten Mal in einem Haus, das offensichtlich schon ein wenig in die Jahre gekommen war. In meinem Arm lag ein kleines Babymädchen und an der Hand hielt ich unseren zweijährigen Sohn, neben mir mein Mann. Vom ersten Moment an wusste ich, dass dies unser neues Zuhause werden sollte. Es war eine dieser tiefen, inneren Gewissheiten, die man nur ganz selten verspürt, die aber keine Widerrede dulden. Hier war der Ort, an dem unsere kleine Familie ankommen und Heimat finden sollte. Auch wenn die abgelaufenen Böden, die dunklen Holzdecken und angeknacksten Fliesenspiegel in Beige auf den ersten Blick nicht eben ansprechend wirkten. Diese Familie brauchte dringend einen guten Ort zum Wachsen und Werden, denn die letzten Jahre waren sehr turbulent und herausfordernd gewesen. Einen Ort, um sich daheim zu fühlen, um zur Ruhe zu kommen und einen neuen Anfang zu wagen. Wir machten uns an die Arbeit und aus dem alten 80er-Jahre-Haus ein Zuhause. So ein neuer Anfang in neuen vier Wänden ist eine großartige Gelegenheit, zu gestalten, zu planen und umzusetzen, was zu dir und den deinen passt. Gleich, ob du ein altes Haus in ein neues Daheim umwandelst, selbst ein ganz neues baust oder eine Mietwohnung frisch beziehst, jetzt ist die Gelegenheit, alles so einzurichten, wie du es brauchst und haben möchtest. Bestimmt gibt es jede Menge Vorstellungen und Bilder, wie dieses Daheim künftig aussehen soll. Was brauchst du, damit du dich wohl und geborgen fühlst, welche Farben an den Wänden, welche Möbel in den Zimmern, welche Böden in den Räumen? Falls die Bilder in deinem Kopf nicht ausreichen, kannst du dir ohne Mühe zahllose neue Inspirationen herbeiholen: Öffne nur Pinterest, Instagram oder den Möbelhauskatalog. In meinem Kopf stapelten sich damals die Idealbilder eines perfekten Zuhauses, gespeist aus Hochglanzmagazinen, Neubaugebieten und den Einrichtungsvorschlägen großer Möbelhäuser. Dem Himmel sei Dank gab es kein Internet in der heutigen Form, denn es hätte meine Hirnkapazitäten auf jeden Fall zum Überhitzen gebracht. Schon so hätte ich diese Mauern mit Leichtigkeit gleich mehrere Male einrichten und immer neu gestalten können. Italienische Wandfarben, Echtholzböden, spanische Fliesenspiegel und eine Küche aus honigfarbenem Kirschholz. Oder doch lieber den gepflegten skandinavischen Landhauslook? Der Charme eines englischen Cottage in Rheinhessen? An Ideen und Idealvorstellungen mangelte es mir wahrlich nicht. Entscheidungshilfe nahte auf sehr pragmatische Weise. Es fehlte uns schlicht an Geld, an Kraft und an Zeit für alle hochtrabenden Spielarten der Innenarchitektur. Seufzend nahm ich Abschied von der Idee durchgestylter Innenräume, schlug die glänzenden Kataloge zu und das echte Leben auf. Es galt nicht, die Seiten eines Hochglanzmagazins zu gestalten, sondern ein echtes Daheim mit realen Mitteln und Möglichkeiten. Wir sollten keinen Architekturpreis gewinnen, sondern Geborgenheit und Seelenfrieden. Im Laufe der Jahre ist dieses alte Haus geworden, wozu es gedacht war und ist: ein wirkliches Zuhause, ein Zufluchts- und Ruheort. Es scheint nie fertig werden zu wollen, immer gibt es etwas zu tun und zu gestalten.

Jahr um Jahr gehen wir neue Projekte an und freuen uns, wenn sie gelingen und es wieder ein wenig schöner geworden ist. Unser Haus ist ein Spiegel der Menschen, die in ihm leben. Es verändert sich und seine Gestalt ebenso, wie seine Bewohner es tun. Seine Räume und Wände erzählen die kleinen und großen Geschichten des Lebens, immer noch Raufaser statt Textiltapete. Ein Unikat, ein Original, unbezahlbar und für diese Familie der schönste Ort auf Erden. Ein Ort, weit, weit weg von allen Interior- und Design-Ambitionen, von Echtholzböden, Farbkonzepten und glänzenden Idealbildern.

Mein Seelenleben gleicht diesem Haus. Seit ich denken kann, versuche ich, es zu gestalten, einzurichten und zu einem schönen Zuhause zu machen für alle, die darin wohnen, nicht zuletzt für mich selbst, für meinen Frieden und für ein gutes Leben. In meinem Kopf stapeln sich glänzende Idealbilder. Sie speisen sich aus längst vergangenen Tagen, in denen mir beigebracht wurde, wie ein gutes, braves Kind ist, wie es zu sein hat und wie sich zu verhalten. Ein anständiges Kind, aus dem schließlich ein anständiger Erwachsener wird. Diese Idealbilder nähren sich aus den Geboten und Anweisungen, die mein Glaube im Gepäck hat, damit ein gutes Christenleben gelingen kann, den biblischen und den kirchlichen. Sie werden gefüttert durch mein Heute, durch die Medien, die ich konsumiere, durch meine Umwelt, in der viele genaue Vorstellungen davon zu haben scheinen, was zu einem geglückten Leben dazugehört, durch die Werte und Meinungen, die ich für wahr erachte. Die meisten dieser Idealbilder halte ich für ab-

**Gar keinen Zweifel habe ich an der Liebe als Grundnahrungsmittel jeden Herzens und der Wahrhaftigkeit, um sich und anderen nicht die Luft abzuschnüren und aufrecht durch das Leben zu gehen.**

solut erstrebenswert, sie entsprechen meinem Menschenbild, meinen persönlichen Überzeugungen, meinem Wunsch, ja meiner tiefen Sehnsucht, ein wertvoller und guter Mensch zu sein. Mit ihnen verbindet sich gleichsam der Wunsch nach einem gelingenden Leben, mit anderen, mit mir selbst und dem Gott, an den ich glaube. Letzterem scheint das gelingende, gute Leben seiner Menschenkinder ebenfalls ein wichtiges Anliegen zu sein, wohl wissend, dass es da auch ein paar sehr menschliche Begrenzungen zu berücksichtigen gibt. Er selbst hat uns mit den Zehn Geboten eine kompakte Einrichtungsanleitung für unser Seelenhaus geschenkt. Nur zehn. Eine recht überschaubare Anzahl, wenn man es recht bedenkt. Und schließlich Jesus, der mit seinem Leben, seinem Reden und Handeln die Maßgaben für ein gutes Leben schlechthin mitbrachte, ich kann mir keine bessere vorstellen. Ich halte sie sogar für so überzeugend und wertvoll, dass ich sie unbedingt umsetzen möchte. Mein Seelenhaus möchte ich damit einrichten, eine Grundausstattung des Lebens und des Handelns, wie ich sie mir für mich und für alle Menschen wünsche. Dazu gehört beispielsweise, dass ich in allen Situationen meines Lebens, besonders aber den herausfordernden, fest auf meinen Gott vertrauen und ihn zum Orientierungspunkt meines Handelns machen soll und will.

Natürlich bin ich auch der festen Überzeugung, dass eine Haltung des Vergebens und der Gnade unerlässlich für den eigenen und den Seelenfrieden meiner Mitmenschen ist. Von Herzen gerne möchte ich geben, schenken und gönnen können. Selbstredend braucht jedes Menschenleben ausreichend Ruheräume, Pausen, um auf das Wesentliche zu schauen, wenn es wissen soll, was wahrhaft von Bedeutung ist und was wertloser Tand, der ungebührlich nach Aufmerksamkeit schreit. Das Annehmen der eigenen Umstände, das Loslassen überhöhter Ansprüche und Erwartungen ist äußerst hilfreich, wenn man in Balance bleiben will. Gar keinen Zweifel habe ich an der Liebe als Grundnahrungsmittel jeden Herzens und der Wahrhaftigkeit, um sich und anderen nicht die Luft abzuschnüren und aufrecht durch das Leben zu gehen. Wie du siehst, habe ich sehr genaue Vorstellungen darüber, wie ein gutes, gelingendes Leben eingerichtet sein sollte. Ich habe nicht nur genaue Vorstellungen, sondern auch die allerbesten Absichten, diese jeden Tag umzusetzen. Vielleicht teilst du die ein oder andere mit mir.

Meine Idealbilder eines guten Lebens sind wie das Idealbild eines Hauses, wunderschön hergerichtet, blitzsauber, einladend, gemütlich und offen für alle, die an der Türe klopfen. Seelenhäuser und ein echtes Zuhause haben eines gemeinsam: Das Idealbild ist schön anzusehen, doch es wird selten Wirklichkeit. Zumindest aber wohnen keine realen, lebendigen Menschen darin, die atmen und essen, das Klo benutzen und auf dem Sofa liegen. Wir leben beständig in einem Spannungsfeld zwischen unseren Vorstellungen, unserem Wollen, unseren Bildern und dem echten Leben, gelebt von echten Menschen und ihren echten Grenzen. In einem belebten Haus, sei es noch so schön und geräumig, sammelt sich irgendwann Staub in den Ritzen, werden die Spiegel fleckig, die Wände speckig und die Mülleimer voll. In einem sterilen Haus dagegen kann und will keiner leben. So schön es auf den ersten Blick auch wirken mag, es wäre doch sehr ungemütlich, anstrengend und seelenlos. Ganz ähnlich ergeht es mir mit meinem normalen Menschenherzen. Ein lebendiges

***Ein lebendiges Herz kennt die Zwischenräume und Grauzonen, die Kisten, die sich im Seelenkeller stapeln, mit allem, was zu klein, zu eng, zu überfordernd geworden ist.***

Herz kennt die Zwischenräume und Grauzonen, die Kisten, die sich im Seelenkeller stapeln, mit allem, was zu klein, zu eng, zu überfordernd geworden ist. Die lästigen Krümel unliebsamer Gefühle, Spinnweben der Angst in den Herzenswinkeln und das ein oder andere, was unter den Teppich gekehrt wurde. Gerne hätten wir es stets hübsch aufgeräumt, Gott und Menschen gefällig und außerdem präsentabel.

Wohnung und Leben müssen wir aber mit dem einrichten und gestalten, was wir haben, was uns möglich ist und wie es zu uns passt. Deshalb sieht die Wirklichkeit anders und sehr menschlich aus. Immer und immer wieder muss ich die Idealbilder zur Seite legen und mein echtes Leben, mit seinen echten Möglichkeiten, seinen Verletzungen und Begrenzungen in den Blick nehmen und gestalten, mit dem, was mir zur Verfügung steht. Ich habe die besten Absichten, aber ich habe auch ein bockiges Herz. Dieses Herz kennt Zweifel und Neid, reagiert manchmal lieblos und nachtragend, lässt sich gerne mal blenden und weiß sehr wohl, wie man Wahrheit gekonnt uminterpretiert. Wie also richtet man sein Seelenhaus ein, wenn das Budget begrenzt ist? Was anfangen mit göttlichen und christlichen Einrichtungstipps, wenn die Umsetzung an den menschlichen Gegebenheiten scheitert? Wie baut man eine Brücke, wenn der Graben zwischen Wollen und Können unüberwindbar scheint?

***Zu jedem Leben gehört das Dazwischen, der Grenzbereich zwischen Wollen und Wirklichkeit, zwischen Idealbild und dem echten Leben, zwischen bester Absicht und bockigem Herz, auch wenn ich für meinen Teil es gerne anders hätte.***

Zu jedem Leben gehört das Dazwischen, der Grenzbereich zwischen Wollen und Wirklichkeit, zwischen Idealbild und dem echten Leben, zwischen bester Absicht und bockigem Herz, auch wenn ich für meinen Teil es gerne anders hätte. Ich weiß nicht, welche Werte und Gebote für dein gutes Leben maßgeblich und bestimmend sind, an welchen du dir immer wieder die Zähne ausbeißt, weil sie im tatsächlichen Leben kaum umsetzbar sind. Ich möchte dich mitnehmen in mein Dazwischen und mein Versuchen, mich genau dort einzurichten, alltagstauglich und doch nie fertig. Im Dazwischen müssen wir unseren Platz finden und lernen, die Spannung nicht nur auszuhalten, sondern gut mit ihr zu leben.

# 2. Zwischen Zuversicht und Zweifel

Vor unserem Haus steht ein großer Kirschbaum. Trete ich in unserem Badezimmer ans Fenster, schaue ich mitten hinein in seine Krone aus Ästen und Zweigen. Sie erzählt mir jeden Tag vom Lauf der Jahreszeiten, ob es bald Frühling werden will, oder der Herbstwind rüttelt, kleine Geschichten von Licht und Schatten, vom Werden und Vergehen. Jeden Morgen trete ich als erstes an dieses Fenster, öffne es weit und schaue auf den Baum, der besser ist als jeder Kalender. Im Frühjahr schmückt er sich mit einem Blütenkleid, das jede Braut vor Neid erblassen lassen würde. Hunderte von Knospen springen auf und leuchten zwischen zartem Frühlingsgrün. Im Juni hängen die Zweige voller süßer Kirschen zwischen den dichten, nun dunkelgrünen Blättern, ein einziges Festbankett für Spatzen und Amseln. Auch unsere Kinder und Nachbarskinder sitzen hoch oben im Kirschen-Blättermeer und lassen ihre Ernte direkt in die Münder wandern. Der Baum erinnert uns daran, großzügig zu sein und seine Früchte zu verschenken, weshalb wir sie überall mit hinschleppen, in Schüsseln und Körben, zu stellen auf Buffets, auf Lehrerpulte und vor die Haustüren der Nachbarn. Wenn die Blätter aus der Krone fallen, fröstle ich frühmorgens an meinem Fenster und heiße den Herbst willkommen. Kurze Zeit später ragen nur noch kahle Äste und Zweige in den Himmel, pechschwarz gezeichnet im Nachtblau eines Wintermorgens. Der nächste Frühling ist unendlich weit weg. Es scheint kaum vorstellbar, dass der Baum überhaupt je wieder sein Hochzeitskleid anziehen wird. Am vierten Dezember, dem Barbaratag, besuche ich den Kirschbaum. Ich gehe nicht allein, denn ich bin kleingewachsen und reiche nicht bis an die Zweige heran. Aber ich finde immer jemanden, der mit mir geht und mir ein paar Äste schneidet. Ich trage sie ins Haus, stelle sie in einen Krug mit lauwarmem Wasser und schmücke die Zweige mit etwas Christbaumschmuck, denn noch sehen sie wirklich nicht sehr vielversprechend aus. Und doch bin ich zuversichtlich. Der Brauch besagt, dass am Barbaratag geschnittene Zweige blühen werden. Sie werden blühen, obwohl es Winter ist, obwohl der Frühling unfassbar weit weg scheint und die Tage in Dunkelheit ertrinken. Sie sollen blühen, wenn es Weihnachten wird. Weihnachten, dieses Hoffnungsfest, das das Licht zurückbringen will in unsere Herzen und unsere Leben.

Am vierten Dezember eines jeden Jahres bin ich voller Zuversicht und Hoffnung, dass meine kahlen Zweige Blüten tragen werden, auch wenn sie in keiner Weise danach aussehen. Kaum zwei Wochen später keimen erste Zweifel in mir, während ich das Wasser wechsle und grünen Schmodder von den Enden der Äste spüle. Nichts hat sich getan, gar nichts, nicht das winzigste kleine Knöspchen will sich erahnen lassen. Wandert dann der Adventskranz nach draußen und dafür der Christbaum ins Haus, beäuge ich missmutig meinen Krug. Da baumeln immer noch Herzen und Sterne von immer noch kahlen Zweigen. Längst ist mir die Zuversicht und jegliches Vertrauen abhandengekommen. Sie haben kleinlaut den höhnisch grinsenden Zweifeln das Feld überlassen. Dieses Jahr wird es nichts mit blühenden Zweigen im Krug, schade. Falls es überhaupt je funktioniert hat, war es wohl reiner Zufall. Irgendwie trostlos, so nichtblühende Barbarazweige, als wollten sie die alten Hoffnungsgeschichten und jeglichen daraus erwachsenden Optimismus an der Nase herumführen. Der Christbaum funkelt und strahlt, aber das Schweigen der Zweige wiegt dennoch schwer. Resigniert schiebe ich den Krug zur Seite und hake die leidige Sache ab.

Die Zweifel wohnen in meinem Leben und sind sehr zufrieden mit ihrem Dasein als unwillkommene Dauergäste, die niemand eingeladen hat. Mehlmotten gleich sitzen sie in allen Ritzen und warten geduldig auf günstige Witterung. Sobald sie eine passende Gelegenheit für gekommen halten, flattern sie los und fressen sich durch Herz und Hirn, ganz so wie ihre Kolleginnen aus der Ungezieferabteilung es mit gemahlenen Nüssen und Haferflocken handhaben. Manchmal kommen sie laut plärrend und mit großem Getöse, häufiger jedoch und sehr viel ausdauernder mit leise nagendem Nörgeln. Selbstzweifel sind besonders dreist und richten in kürzester Zeit ein heilloses Durcheinander an. „Du bist nicht genug. Du bist zu laut, zu leise, zu dick, zu dünn ... Ist das eine Frisur oder willst du damit den Boden wischen? Du kannst nicht mitreden, hast den Anschluss verpasst, liest zu wenig, isst und liebst und streitest verkehrt. Du gibst dir nicht genug Mühe, andere schaffen das mit Leichtigkeit! Du hast nicht die richtigen Worte gefunden, lernst es einfach nicht, hast es wieder nicht hinbekommen und du bist definitiv eine schlechte Mutter, Freundin, Tochter, Ehefrau, ach, such es dir aus! Auf jeden Fall bist du mies darin. Wunderst du dich ernsthaft, dass dich keiner mag?“ So tuscheln und flüstern die nörgelnden Nager in Seele und Geist.

Selbstzweifel in ihre Schranken zu weisen, ist eine Lebensaufgabe mit wechselnden Erfolgsaussichten. Bisweilen gelingt es, sie resolut zur Ordnung zu rufen und dem Stimmengewirr in Kopf und Herz Einhalt zu gebieten. Doch in manchen Lebensphasen haben sie leichtes Spiel, werden munter immer mehr und machen meinem Vorrat an Zutrauen in meine Fähigkeiten, meinem Empfinden für den eigenen Wert und meinem Vertrauen in meine Liebenswürdigkeit eifrig den Garaus. Es sind meist genau die Momente im Leben, in denen man sowieso schon über die Gebühr strapaziert ist, einfach, weil gerade Pubertät oder Prüfungszeit, verändernde Lebensphase, Schlafmangel, Überarbeitung, Krankheit oder sonst irgendeine Krise ist.

**Selbstzweifel in ihre Schranken zu weisen, ist eine Lebensaufgabe mit wechselnden Erfolgsaussichten.**

Mir ist tatsächlich noch kein Mensch begegnet, der nicht hin und wieder von Selbstzweifeln heimgesucht wird; der eine mehr, der andere weniger. Sie steigen auf aus der Tiefe der Seele, deren essenzieller Bestandteil sie zu sein scheinen. Gegen ihr Auftauchen an der Oberfläche kann man nichts tun. Ich habe auch noch nie einen Menschen sagen hören, dass er schrecklich gerne mal wieder gründlich an sich selbst zweifeln würde, wohl aber schon viele, die sich ganz unfreiwillig damit herumschlagen mussten. Wie alle ungebetenen Gäste stehen auch Selbstzweifel gerne unangekündigt im Raum und nun liegt es an dir, was du mit dieser Plage anfängst. Es ist ihnen auch völlig gleich, ob ihre Existenz auch nur ansatzweise gerechtfertigt ist, denn mit einer objektiven Betrachtungsweise des Sachverhaltes halten sie sich gar nicht erst auf. Selbstzweifel lädst du dir nicht ein, die kommen einfach so und dieses Merkmal scheint eines der grundlegenden von Zweifeln zu sein.

Denn Zweifel sind eine Gattung mit vielen Unterarten. Ich kann ohne große Mühe nicht nur an mir selbst und kahlen Kirschzweigen, sondern an der ganzen Welt zweifeln und verzweifeln. Ich zweifle daran, dass immer alles ein gutes Ende nehmen wird, an besten Absichten und schönen Versprechen. Ich misstraue der Wettervorhersage und heiligen Eiden, dem Schulsystem und allzu schlüssigen Konzepten. Schnelle Lösungen lassen mich skeptisch werden und ich würde keinesfalls jedem unbesehen Leib und Leben, mein Herz und meine Geheimnisse anvertrauen. Zweifel und Misstrauen sind artverwandt und gehen Hand in Hand. Ich bin eine Zweiflerin und ich bin es nicht aus freiem Entschluss. Nichts weniger als das Leben selbst schleift den Menschen, vom ersten Atemzug bis zu seinem letzten. Es geht dabei nicht eben zimperlich vor, stellt manchen vor Gegebenheiten und Herausforderungen, die kaum zu bewältigen scheinen. Wenn du verlassen wurdest oder Gewalt erfahren hast, wenn Lieblosigkeit und Kälte deine Jahre prägten, wenn du womöglich ernste traumatische Erfahrungen verkraften musstest und den Verlust von Liebe und Geborgenheit, dann wirst du mit sehr großer Wahrscheinlichkeit dein Zelt unter den Zweiflern aufschlagen. Wer mag es dir verdenken? Selbst wenn das Leben bis hierher etwas freundlicher mit dir umgesprungen ist und die ganz großen Dramen ausgespart hat, konntest du bestimmt schon Bekanntschaft mit allen Arten von Bedenken und Befürchtungen machen.

**Es ist erwiesenermaßen nicht gerade einfach, miteinander den Planeten, ein Land, ein Dorf oder auch nur ein Haus zu teilen, geschweige denn Meinungen, Verschiedenheiten, Brot und das letzte Stück Kuchen. Wo Menschen miteinander Leben teilen, da menschelt es, bleiben Kränkungen und Enttäuschungen und somit auch Zweifel aneinander und am Miteinander nicht aus.**

Jede Erfahrung von Schmerz, von Enttäuschung und Scheitern nährt und stärkt die Zweifel. Als Menschen, die unter Menschen leben, werden wir letztlich alle irgendwann mit solchen Erfahrungen konfrontiert, denn schließlich besteht die Menschheit nicht aus Robotern. Es ist erwiesenermaßen nicht gerade einfach, miteinander den Planeten, ein Land, ein Dorf oder auch nur ein Haus zu teilen, geschweige denn Meinungen, Verschiedenheiten, Brot und das letzte Stück Kuchen. Wo Menschen miteinander Leben teilen, da menschelt es, bleiben Kränkungen und Enttäuschungen und somit auch Zweifel aneinander und am Miteinander nicht aus. Auch die äußeren Umstände haben es der Menschheit von Anbeginn der Zeit nicht eben leicht gemacht, voller Zuversicht und ohne jedes Misstrauen Höhle, Hütte und Burg zu verlassen. Wie vielen Naturkatastrophen, Pandemien, Kriegen, Hungersnöten, harten Wintern und Säbelzahntigern sah sich der Mensch schon ausgesetzt? Ohne Skepsis und Zweifel, ohne Misstrauen und Vorsicht wäre das Überleben kaum möglich gewesen. Und so ist es, als wäre dem Menschen das misstrauische Zweifeln über all die Jahrtausende in seine DNA eingewoben worden, tief verflochten mit den Erfahrungen von Generationen und deren Kampf ums Überleben.

So gesehen bin ich, mit all meinen Zweifeln, all meiner Skepsis und all meinem Misstrauen den Menschen, der Welt und dem Leben gegenüber, nichts weniger als ein vollwertiges Mitglied der Menschheitsfamilie.

Auch wenn ich weiß, dass Zweifeln eine zutiefst menschliche und nicht selten auch eine lebensbewahrende Eigenschaft ist, so wiegen manche Bedenken doch schwerer als andere. Mit handelsüblichen Selbstzweifeln und misstrauischer Skepsis gegenüber den Gegebenheiten der Welt kann ich umgehen, den

Ton leiser drehen, das Ungeziefer aus meinem Kopf verbannen. Sie stellen die Grundlage meines Seins nicht auf den Kopf und infrage, sie machen mir nur das Leben schwer. Schließlich sind manche Zweifel auch schlicht richtig und gut. Es ist nichts Falsches an einem aufmerksamen Geist, der dich zum kritischen Hinterfragen anhält und verstehen will, warum die Dinge so und nicht anders gehen, ob etwas tatsächlich ist oder nur so scheint. Ich möchte weder in den kleinen Alltagsfragen noch in den großen Fragen des Lebens meinen Verstand ausschalten, wozu habe ich ihn schließlich? Doch wenn die Zweifel überhandnehmen, dann können sie wirklich zur Plage werden. Wer beständig an sich, der Liebe und seinen Mitmenschen zweifelt, verzweifelt irgendwann. Dann wird das eigene Leben blockiert und das der Nächsten gleich dazu. Bei solch einem Kahlfraß kann nichts mehr zum Blühen kommen und jede Knospe wird erst misstrauisch beäugt und dann aufgefressen. Würden Zweifel mein Leben in dieser Art ernsthaft beeinträchtigen, dann kann ich mir Hilfe suchen. Man findet sie in Ratgebern und schlauen Podcasts, nötigenfalls in einer Therapie, die mich dabei unterstützt, mit mir und der Welt neu Freundschaft zu schließen. Wenn es dir so ergeht, dann zögere nicht, genau solche Hilfe in Anspruch zu nehmen.

**Es ist nichts Falsches an einem aufmerksamen Geist, der dich zum kritischen Hinterfragen anhält und verstehen will, warum die Dinge so und nicht anders gehen, ob etwas tatsächlich ist oder nur so scheint.**

Manchmal jedoch, ja, manchmal zweifle ich an meinem Gott. Ich zweifle daran, dass er wirklich da ist, mich kennt und trägt und hält. Ich zweifle an der Ewigkeit und dem Leben nach dem Tod, an allem, was mir heilig ist. Dann tönt in meinem Kopf die Frage, ob meine Glaubenswahrheiten tatsächlich wahr sind und nicht alles großer Humbug. Diese Zweifel wiegen zentnerschwer, denn sie heben den Grund, auf dem ich stehe, aus den Angeln, entziehen dem Leben die Sinnhaftigkeit und eröffnen das große Nichts. Gerät mein Leben aus den Fugen, dann bin ich nicht automatisch davon überzeugt, dass der liebe Gott es schon richten wird, dass er einen Plan hat und am Ende alles gut wird. Der Satz „Du kannst nicht tiefer fallen als in Gottes Hand!" klingt beängstigend in meinen Ohren, denn ich habe diese Hand nie gesehen. Was, wenn es sie nicht gibt, und ich stürze ins Nichts? Was, wenn sie recht haben, die Zyniker und Atheisten und die, die überzeugt sind, dass nach dem Leben hier auf Erden überhaupt nichts mehr kommt?

Diese Zweifel schnüren mir die Luft ab, stellen das ganze Leben infrage und die Ewigkeit gleich mit dazu. Als wäre das nicht schon erschreckend genug, lese und höre ich von Kindesbeinen an, dass allein Vertrauen und Glaube der Weg zu Gott seien. Wie gut erinnere ich mich an das Gruseln und Schaudern, das mich jedes Mal erfasste, wenn ich in meiner Kinderbibel die Geschichte vom Sturm auf dem See aufschlug. Jesus und seine Freunde in einem Boot auf dem See Genezareth. Ein Furcht einflößender Sturm kommt auf und das Boot droht zu kentern. Die Jünger geraten in Panik, doch Jesus liegt hinten und schläft. Die Geschichte, erzählt in meiner Kinderbibel, war sehr eindrücklich und farbig illustriert. Man sah die nackte Angst in den Gesichtern der Jünger, ihre Not und Verzweiflung, dass sie alle untergehen würden. Und Jesus, erst schlafend und dann plötzlich erstaunlich wach. „Ihr Kleingläubigen!", so nennt er die panischen Freunde im Boot, nachdem er den Sturm besänftigt hatte, „Warum habt ihr Angst?"

***Wer beständig an sich, der Liebe und seinen Mitmenschen zweifelt, verzweifelt irgendwann.***

Sprachs und sorgte mit einem Handstreich für Frieden unter den Elementen.

Für mich als Kind wog dieser vermeintliche Tadel immer sehr viel schwerer als das besänftigte Unwetter. Die Jünger hatten mein volles Mitgefühl, durchgedreht wäre ich auf diesem Schiff vor Angst! Schon als kleines Mädchen fand ich es eindeutig zu viel verlangt, im Angesicht des Sturmes und mit nichts als einem wackeligen Boot unter den Füßen, voller Vertrauen die Ruhe zu bewahren. Der Jesus in der Kinderbibel schien mich direkt anzusehen, mich direkt anzusprechen: „Du Kleingläubige!“ Und schon damals dachte ich mit bangem Herzen: Wie in aller Welt soll man denn nicht kleingläubig sein? Wie soll ich das denn anstellen, wie nur? Nur wenige Seiten später sah sich Petrus vor die Herausforderung gestellt, über das Wasser seinem Herrn entgegenzulaufen. Mitten auf dem See bekam er es mit der Angst zu tun und fiel. Ich wäre mit absoluter Wahrscheinlichkeit wie ein Stein in den See gefallen, keine zwei Schritte wäre ich darüber gelaufen. Auf die Frage „Warum hast du gezweifelt?“ würde ich heute noch inbrünstig antworten, dass ich nun mal ein Mensch und keine Ente sei.

Seit meinen Kinderbibeltagen ist viel Zeit vergangen und in all dieser Zeit gab ich mir sehr viel Mühe, alle Zweifel auszublenden und beiseitezuschieben, doch tief in meinem Herzen wusste ich, dass ich immer noch eine Kleingläubige war und aller Wahrscheinlichkeit auch immer bleiben würde.

Das Vertrauen in Gott ist meine persönliche Herausforderung. Ihm gegenüber stehen alle Zweifel meines Herzens und meines Geistes. Wann immer ich der Forderung nach bedingungslosem, zweifelsfreiem Gottvertrauen und unerschütterlichem

Glauben begegne, und die Bibel und unzählige Predigten sind voll davon, wird es mir bang ums Herz. So war es in meiner Kindheit, so war es in meiner Jugend und so ist es auch heute. Einige der wenigen Dinge, die ich sicher weiß, sind, dass man Gottvertrauen und unerschütterlichen Glauben nicht befehlen, nicht beschließen und schon gar nicht erzwingen kann. Genauso, wie ich die kahlen Zweige in meiner Vase nicht zum Blühen zwingen kann, genauso, wie ich einem Herzen keine Liebe abtrotzen kann, wenn sie nun mal nicht gewachsen ist. Tatsächlich und ganz ehrlich finde ich den unbeirrbaren, niemals zweifelnden Glauben an einen unsichtbaren Gott ziemlich viel verlangt.

Mit zwanzig Jahren begann ich mein Theologiestudium und damit wurde mein Geist für eine ganze Weile sehr beweglich und gelenkig. Ich hörte mich durch die vorgeschriebenen Philosophievorlesungen, studierte das Alte und das Neue Testament, kämpfte mich durch alle Jahrhunderte der Kirchengeschichte (und das sind wirklich viele) und beschäftigte mich mit Fragen der Ethik und Moral. Die Auseinandersetzung mit Gott, Sohn und Heiligem Geist, sämtlichen drängenden Fragen und der ganzen Christenheit auf rein wissenschaftlicher Ebene. Offenbar beschäftigten exakt die Fragen, die ich mir so stellte, die Menschheit schon seit Anbeginn der Zeit. Die Frage nach dem Woher, dem Warum und dem Wohin. Und die nicht eben unerhebliche Frage nach dem Wie. Zu allen Zeiten hatten große Denker versucht, Antworten zu finden, wurde sich gestritten und hart gerungen um Antworten und Welterklärung, um richtige Handlungsmaxime und darum, was Himmel sei und Erde, und

*Einige der wenigen Dinge, die ich sicher weiß, sind, dass man Gottvertrauen und unerschütterlichen Glauben nicht befehlen, nicht beschließen und schon gar nicht erzwingen kann.*

welche Rolle der Mensch und welche Gott darin spiele. Damit verbunden war stets auch die Auseinandersetzung mit unzähligen Zweifeln, Nachfragen und Bedenken. Die Zweifel als Motor für den geistigen Diskurs. Ich liebte diese Form des Denkens sehr. Besonders beglückt war ich über die großen Theologen und Philosophen des Mittelalters und der Neuzeit. Man war schon eine ganze Weile damit beschäftigt, sich durch deren Gottes- und Welterklärungen zu arbeiten und ihre Gottesbeweise hatten es mir richtig angetan. Hier schien endlich der Schlüssel für alle meine Fragen zu liegen, eine simple, rationale Antwort, die alle meine Zweifel für immer ausräumen würde. Schluss mit der Kleingläubigkeit, denn nun würde ich der Angelegenheit kraft meines Verstandes endlich Herr beziehungsweise Frau werden. Gottesbeweise sind eine wunderbare Beweglichkeitsübung für matte Gehirnzellen, doch leider gehen sie aus wie das berühmte Hornberger Schießen. Zu jedem Argument lässt sich ein Gegenargument finden und so ist das Ergebnis der jahrhundertelangen Mühen, dass man die Existenz Gottes weder beweisen noch widerlegen kann. Man ist ein wenig klüger geworden, mehr aber auch nicht. Irgendwann hatte ich einen ordentlichen Universitätsabschluss in der Hand, aber alle Zweifel und Fragen lagen weiterhin unaufgeräumt in meinem Herzen herum.

**Du kannst auch die Liebe wissenschaftlich definieren, beleuchten, analysieren und kategorisieren, aber dann weißt du immer noch nicht, was Liebe ist. Du musst sie selbst erleben, erfühlen, erleiden und erspüren. Niemand kann das für dich übernehmen. Ebenso ist es mit der Angst. Dem Vertrauen. Den Zweifeln. Deinem Glauben.**

Angekommen im normalen Gemischtwarenladen des Lebens, mit seinen Höhen und Tiefen, mit Schmerz und Segen, mit

Freude und Not, hat man selbstverständlich selten Gelegenheit, sich mit theologisch-philosophischen Spitzfindigkeiten auseinanderzusetzen. Ganz davon abgesehen ist die intellektuelle Auseinandersetzung mit den großen Fragen des Menschseins keinesfalls zu verwechseln mit den Fragen und Zweifeln, die wir in unseren Herzen tragen. Man kann ihnen auf diese Weise nur für eine Weile elegant aus dem Weg gehen und sich dabei auch noch ausgesprochen schlau vorkommen. Gottesbeweise auf dem Papier sind jedoch nicht die Antworten auf die Gottsuche in deinem Inneren. Herzensfragen und Herzenszweifel betreffen uns aber in diesem Innersten, sie machen uns wirklich aus, sind lebensrelevant und entscheiden darüber, wer wir tatsächlich sein wollen. Ob du glaubst oder nicht, ob Gott der Grund ist, auf den du dein Leben bauen willst, ob Jesus der Taktgeber deines Handelns ist, entscheidet sich nicht in einem theologischen Proseminar. Du kannst auch die Liebe wissenschaftlich definieren, beleuchten, analysieren und kategorisieren, aber dann weißt du immer noch nicht, was Liebe ist. Du musst sie selbst erleben, erfühlen, erleiden und erspüren. Niemand kann das für dich übernehmen. Ebenso ist es mit der Angst. Dem Vertrauen. Den Zweifeln. Deinem Glauben. Sich diesen entscheidenden Fragen und Gefühlen zu stellen, kostet Mut, großen Mut sogar. Es erfordert Tapferkeit, denn es kann mitunter sehr schmerzhaft werden, erfordert einen weiten Geist und ein weites Herz. Es geht um nichts weniger als um das Fundament, auf dem du dein Leben errichtest. Was wird dich tragen, was wird dich wanken lassen und was tust du, wenn der Sturm kommt? Wenn die Blüte auf sich warten lässt, wenn die Aussichten trüb und der Ausgang ungewiss ist? Was tun mit den Zweifeln, die offensichtlich nicht erwünscht, aber trotzdem einfach da sind?

***Mit dem Verleugnen von Zweifeln verleugne ich gleichermaßen einen Teil meines Selbst.***

Eine mögliche Option wäre, die zutiefst menschlichen Zweifel und Fragen einfach auszublenden, zu negieren und unwirsch beiseitezuschieben. Diese Methode scheint bei nicht wenigen Mitmenschen erstaunlich gut zu funktionieren. Ich halte sie allerdings für wenig bekömmlich, sowohl hinsichtlich des eigenen Seelenheils als auch hinsichtlich des Heils der ganzen Welt. Mit dem Verleugnen von Zweifeln verleugne ich gleichermaßen einen Teil meines Selbst. Ich spalte ab, was zu mir gehört und lasse keine Nachfragen mehr zu. Kaum etwas ängstigt mich mehr als Menschen, die mit absoluten Gewissheiten durch ihr Leben spazieren und nur ein mitleidiges Lächeln für die Zweifler, die Suchenden und die Ratlosen haben. Zweifel, sogar die banalen, alltäglichen Selbstzweifel, bewahren vor Größenwahn und Selbstüberschätzung. Die ehrliche Auseinandersetzung mit den eigenen Zweifeln, das bewusste Hinterfragen vermeintlicher Gegebenheiten, von Glaubensinhalten und der Art und Weise, wie ich selbst durch mein Leben stolpere, verhindert das Entstehen von Absolutheitsansprüchen und Allmachtsfantasien. Dabei ist es erst mal gleich, ob es sich um Glauben, Weltsicht oder das Leben im eigenen kleinen Mikrokosmos handelt. Immer dann, wenn Menschen die Zweifel abhandenkommen, wird es äußerst ungemütlich für all diejenigen, die nicht in deren Weltbild passen. Austausch und wechselseitige Bereicherung auf Augenhöhe, gesundes Streiten und Offenheit für andere Argumente bleiben auf der Strecke. Das eigene Denken, Fühlen und Reflektieren verengt sich immer

*Kaum etwas ängstigt mich mehr als Menschen, die mit absoluten Gewissheiten durch ihr Leben spazieren und nur ein mitleidiges Lächeln für die Zweifler, die Suchenden und die Ratlosen haben. Zweifel, sogar die banalen, alltäglichen Selbstzweifel, bewahren vor Größenwahn und Selbstüberschätzung.*

weiter und lässt keinen Platz mehr für wohlwollendes Miteinander. Die Konsequenzen können im schlimmsten Falle nichts weniger als grausam und unmenschlich sein, auch das hat die Menschheitsgeschichte mehr als einmal unter Beweis gestellt.

Der große Theologe und Philosoph Thomas von Aquin gab sich nicht nur redlich Mühe, einen stichhaltigen Gottesbeweis aufs Pergament zu bringen, sondern stellte auch fest: „Wer Wahrheit sucht, ohne vorher den Zweifel bedacht zu haben, ähnelt denen, die nicht wissen, wohin sie gehen. Niemand kann die Wahrheit direkt suchen, ohne vorher den Zweifel bedacht zu haben. Der Mensch ist geschaffen als Wesen mit Verstand. Die Fähigkeit zu denken impliziert die Fähigkeit zu zweifeln." Wie recht er hatte! Und wie sehr mich diese Feststellung eines großen Denkers, vor allem aber eines großen Gläubigen, tröstet. Das Zweifeln ist etwas Urmenschliches, es setzt unser Denken in Gang, lässt uns aufbrechen auf der Suche nach Wahrheit, nach Erkenntnis und neuen Einsichten. Wir verlassen ausgetretene Pfade und nehmen nicht einfach alles als gegeben hin. Daran ist nichts Verwerfliches oder Irritierendes. Es mag mühsam, schmerzlich und anstrengend sein, aber es ist eben gleichermaßen notwendig, denn du willst doch kein Leben im blinden Gehorsam. Das Zweifeln bringt dich dir selbst und dem, was dich trägt und hält, näher.

*Wer Wahrheit sucht, ohne vorher den Zweifel bedacht zu haben, ähnelt denen, die nicht wissen, wohin sie gehen. Niemand kann die Wahrheit direkt suchen, ohne vorher den Zweifel bedacht zu haben. Der Mensch ist geschaffen als Wesen mit Verstand. Die Fähigkeit zu denken impliziert die Fähigkeit zu zweifeln.*

Vielleicht ist das mahnende „Du Kleingläubige!" gar nicht so tadelnd gedacht, wie ich es empfinde. Vielleicht zeugt es vielmehr von großem Verständnis für die Grenzen menschlichen Seins und Glaubens. Derselbe Jesus, der inmitten des Sturms schlafen konnte, verzweifelte an seinem letzten Abend im Garten Gethsemane zutiefst. In der Stunde seiner größten Not fühlte er all die Verlassenheit, all die Einsamkeit und Angst, die der Menschheit seit Anbeginn der Zeit auf den Schultern liegt. Menschlicher kann ein Gott nicht werden. Er fühlte und er betete zu seinem Vater, dass er ihm diesen Kelch nicht reichen möge. Er schob diesen Schmerz nicht beiseite. In seiner letzten Stunde als Mensch am Kreuz schrie er: „Mein Gott, mein Gott, warum hast du mich verlassen?" Nein, Jesus, der Mensch verbot sich das Zweifeln nicht, er ging ihm genauso wenig aus dem Weg, wie er seinem Leiden nicht aus dem Weg ging. Weil es zum ganzen Menschsein dazugehört. Wie allein er in diesen Stunden gewesen sein muss. Ich ahne, dass das Leben für jeden gläubigen und suchenden Menschen solche Gethsemane- und Kreuzmomente bereithält. Momente, der tiefen Einsamkeit, in denen das Herz randvoll mit Zweifeln ist. Es wäre nicht klug davonzulaufen, die Zweifel mit frommen Sprüchen zuzukleistern, wegzuhören, wenn dein Herz laut ruft. Es sind Momente einer ehrlichen Auseinandersetzung mit deinem Gott, mit der großen Spannung, dass Glauben nun mal nicht Wissen heißt, mit der Angst, die jedes Wagen von Vertrauen mit sich bringt. Sie auszuhalten und zu durchleben ist ein sehr einsames Geschäft;

**In deinem Garten Gethsemane und unter dem Kreuz deines Lebens sitzt und stehst du nicht allein. Da ist eine Liebe, die trägt und hält, die über das hinausgeht, was der Verstand und all sein kritisches Hinterfragen begreifen können. Ich halte dem, den ich suche all meine Zweifel hin, meine Ratlosigkeit und meine Fragen.**

keine Gemeinde, kein Seelsorger oder Nächster kann dir dabei helfen. Du sitzt im Garten Gethsemane deines Herzens und begegnest dir, deinen Ängsten, deinen Zweifeln und deinem Rufen nach Gott. Du trägst dein eigenes Lebenskreuz und fühlst dich verlassen. Manchmal sind es die äußeren Umstände des Lebens, die dich in die Knie zu zwingen drohen. Schmerzhafte Verluste, Grenzerfahrungen, Krankheit, Leid und konkrete Sorgen. Manchmal kommt dein Herz einfach ins Straucheln, weil es müde geworden ist, weil es viel getragen und aufgefangen hat, weil die Zuversicht aufgebraucht scheint. Es sind die schmerzhaften Momente des Lebens, aber wenn sie ausgehalten und nicht betäubt werden, dann sind es auch die ehrlichsten und die tiefsten. Es sind die, die einen Unterschied bewirken. Wann immer ich in meinem Garten Gethsemane saß und die Einsamkeit fühlte, wann immer ich überzeugt war, keinen Schritt mehr weitergehen zu können, fühlte ich mich gehalten und getragen. Ich habe dafür keine großen Worte, keine farbenprächtigen Bilder. Ich weiß nur eines: In deinem Garten Gethsemane und unter dem Kreuz deines Lebens sitzt und stehst du nicht allein. Da ist eine Liebe, die trägt und hält, die über das hinausgeht, was der Verstand und all sein kritisches Hinterfragen begreifen können. Ich halte dem, den ich suche all meine Zweifel hin, meine Ratlosigkeit und meine Fragen. Ich halte aus, dass ich keine Antworten habe, schon gar keine allgemeingültigen. In diesen Kreuzstunden meines Lebens fand ich bis hierher stets mein „trotzdem“ wieder. Trotzdem hoffe ich, trotzdem bete ich, trotzdem spüre ich, dass die Zweifel nicht das letzte Wort haben. Der Grund, auf den ich

*In diesen Kreuzstunden meines Lebens fand ich bis hierher stets mein „trotzdem“ wieder. Trotzdem hoffe ich, trotzdem bete ich, trotzdem spüre ich, dass die Zweifel nicht das letzte Wort haben.*

mein Leben baue, trägt und hält mich, auch und gerade, wenn ich an ihm zweifle.

Der ungläubige Thomas stand kurze Zeit nach dem Tode Jesu vor dem Auferstandenen, hatte ihn leibhaftig vor sich stehen, weil er dem Hörensagen einfach nicht glauben konnte. Auch seine Zweifel wurden nicht abgetan, beiseite gewischt und mit einem ordentlichen Rüffel garniert. Anfassen durfte er den, den er bei den Toten geglaubt hatte. Er durfte mit den eigenen Händen spüren, was sein Geist einfach nicht fassen konnte. Jesus wusste schon damals, wie schwer es für die sein würde, denen er sich nicht leibhaftig würde zeigen können. Das Zweifeln und Hadern, das Suchen und Hinterfragen gehört zum Menschsein dazu, die ganze Bibel und jedes Leben erzählt davon. Ich rechne mit einem großen himmlischen Verständnis für meine menschlichen Zweifel.

**In diesen Kreuzstunden meines Lebens fand ich bis hierher stets mein „trotzdem" wieder. Trotzdem hoffe ich, trotzdem bete ich, trotzdem spüre ich, dass die Zweifel nicht das letzte Wort haben.**

Als Mutter habe ich eine sehr lehrreiche Erfahrung gemacht. Ich kann von ganzem Herzen sagen, dass ich nichts und niemanden mehr liebe als meine Kinder. Ich sage ihnen diese Liebe zu, seit ich sie zum ersten Mal in den Armen halten durfte, flüsterte sie in Säuglingsohren, schreibe sie auf Zettel in der Brotdose und spreche sie mit jeder Umarmung aus. Ich sage ihnen meine Liebe zu, an jedem einzelnen Tag. An den Tagen, an denen ich ganz beseelt von ihnen bin und vor allem an den Tagen, an denen wir uns richtig gestritten und sie mich zur Weißglut getrieben haben. Ich sage es, weil ich es so meine, fühle und lebe. Und doch. Und doch kenne ich Momente, in denen mich die Augen eines Kindes anschauen und ich erkenne den Zweifel darin. „Liebst du mich wirklich?", fragen die Blicke dann. „Ich kann es nicht glauben. Auch wenn ich mich scheußlich benehme, auch wenn ich mich selbst nicht leiden kann, auch wenn wir einander gerade nicht leiden können?" Eltern können plötzlich ratlos vor einem Berg von Zweifeln dastehen und überhaupt nicht begreifen, wie das eigene, viel geliebte Kind auf solch eine Frage überhaupt verfallen kann. Dennoch ist es so. Wer würde sich in einem solchen Augenblick umdrehen und gehen? Wer würde sich abwenden und sagen: „Du zweifelst meine Liebe an? Na, da hast du jetzt aber Pech gehabt, das war es mit uns beiden, Schluss jetzt mit der Liebe!" Nein, natürlich nicht. Eltern harren aus, wenn ihr Kind an der Liebe zweifelt, und lieben einfach weiter. Sie hoffen, dass das Kind die Liebe wieder spüren und ihr vertrauen kann, wenn der Sturm des Zweifels vorüber ist. Die Liebe bleibt, auch wenn die Zweifel darüber fegen. Sie trägt und hält, sie kümmert und sorgt, auch und besonders dann, wenn der geliebte kleine Mensch es gerade nicht begreifen kann. Um wie viel größer muss die Liebe Gottes zu seinen Menschenkindern sein? Wenn ich an meinem Fundament zweifle, dann trägt er mich trotzdem, wenn ich an seiner Liebe zweifle, dann liebt er trotzdem, und wenn ich fürchte, nicht gesehen zu werden, dann lässt er mich keinen Moment aus den Augen. Wäre es nicht so, könnte man die ganze Geschichte gleich an den Nagel hängen, dann widerspräche sie dem, worauf wir hoffen, worum wir beten, worauf wir setzen.

Ich mag keine zweifelsfrei Glaubende sein, aber ich bin eine Suchende auf ihrem Weg. Ich bin eine Zuversichtliche, eine Hoffende und eine Wagende. Trotz und vielleicht wegen all meiner Zweifel, werde ich nicht müde zu beten: „Ich hoffe auf dich. Ich ersehne dich. Ich frage nach dir. Ich will dich immer suchen." Es braucht keine absoluten Gewissheiten, keine festen Vorstellungen über das genaue Ziel, um sich auf den Weg zu machen. Woher willst du wissen, dass allein dein Weg der Weg der Wahrheit ist? Schritt für Schritt darfst du deinen ureigenen finden, darfst deine Fragen stellen, deine Zweifel anschauen. Es gibt kein Diplom im Fach „Leben ohne Zweifel", keine Prüfung, die alle ordentlich Glaubenden bestanden haben. Es ist ein lebenslanger Weg, ein Suchen, ein Sehnen und ein Hoffen, das uns immer weitergehen lässt. Nein, Vertrauen und unerschütterlichen Glauben kann man nicht erzwingen, befehlen oder verordnen, sich selbst nicht und auch keinem anderen. Vertrauen und Glauben müssen langsam wachsen dürfen. Es sind schutzbedürftige zarte Pflänzchen. Manchmal dauert es sehr lange, bis sich eine Knospe zeigt. Manchmal muss ich neu aussäen und von vorne hoffen, immer wieder auf meine Sehnsucht setzen. Es lohnt sich. Denn selbst in den dunkelsten Stunden ist da die Ahnung von etwas Großem, etwas unendlich Gutem, von Liebe und Wärme.

Diese Ahnung hat einen Namen. Sie ist das beste Mittel, um mit und trotz aller Zweifel gut durchs Leben zu kommen, und heißt Zuversicht. Die Zuversicht gehört ganz genau wie die Zweifel zur Grundausstattung der menschlichen Seele. Anders ließe sich nicht erklären, warum wir überhaupt jemals Höhle, Hütte und Burg verlassen und uns auf den Weg gemacht haben, um die Welt zu entdecken. Die Furcht vor Unglück, Unwetter und dem Säbelzahntiger konnte die Zuversicht nicht aufhalten. Sie ist der Grund, warum ein uns völlig unbekannter Vorfahr eines schönen Tages einige Samenkörner in der Erde vergrub und auf Wachstum setzte. Es muss jener Unbekannte gewesen sein, der das bis heute gültige

Prinzip von Saat-Hoffnung-Ernte ins Leben rief. Wann immer ein Samenkorn in die Erde fällt, geschieht es im Vertrauen auf das, was im Verborgenen geschehen wird. Noch heute empfinde ich es stets als einen beispiellosen Akt der Zuversicht, wenn etwas ausgesät und eingepflanzt wird. Ich bin wahrlich nicht mit einem grünen Daumen gesegnet und es darf sich jede Pflanze glücklich schätzen, die nicht in meine Finger gerät. Und doch werde ich nicht müde, in jedem Frühjahr etwas auszusäen, eine Handvoll Winzigkeiten nur, ein paar Sonnenblumenkerne und einige Kürbissamen. Es ist eine aufregende kleine Geschichte, die nichts an Spannung verliert, ganz gleich, wie oft man sie wiederholt. Jeden Tag kannst du mich am Beet stehen sehen. Mit Argusaugen inspiziere ich Töpfe und Schalen, bis, ja, bis endlich eine winzige grüne Spitze aus der dunklen Erde drängt und sich Tag für Tag entfaltet. Es ist ein Wunder, wie immer, wenn Leben sich entfaltet. Wann immer es geschieht, lächelt die Zuversicht den Zweifeln zu und flüstert: „Siehst du, du alter Nörgelpeter! Es kann doch auch gut gehen! Nur, weil du nicht siehst, was in der dunklen Erde geschieht, nur, weil manches deinem Blick verborgen bleibt, kann es doch trotzdem sein!“ Die Zuversicht spricht den Zweifeln Mut zu, sie ist der Dünger für Hoffnung und Vertrauen. Im Sommer leuchten sogar in unserem kleinen Gärtchen ein paar strahlend schöne Sonnenblumen und erinnern mich daran, was aus Zuversicht erwachsen kann.

**Wenn ich an meinem Fundament zweifle, dann trägt er mich trotzdem, wenn ich an seiner Liebe zweifle, dann liebt er trotzdem, und wenn ich fürchte, nicht gesehen zu werden, dann lässt er mich keinen Moment aus den Augen. Wäre es nicht so, könnte man die ganze Geschichte gleich an den Nagel hängen, dann widerspräche sie dem, worauf wir hoffen, worum wir beten, worauf wir setzen.**

Ohne Zuversicht im Herzen würden wir niemals Liebe und Freundschaft wagen, denn das Risiko, verletzt, gekränkt und enttäuscht zu werden, ist nicht eben gering. Wären die Zweifel die alleinigen Bestimmer unserer Seelen, wäre es schlecht bestellt um jedwede Art von vertrauensvoller und liebevoller Beziehung. Aber so ist es nicht! Der Mensch sucht das Du seit Anbeginn der Zeit! Wir brauchen einander und wir sehnen uns nach Ansprache, Fürsorge und einem freundlichen Blick. Die Liebe selbst ist der beste Beweis, warum sich Zuversicht lohnt, warum wir auf sie hören und ihrem Rufen folgen sollten. Ich glaube, sie ist das große Geschenk Gottes an seine zweifelnden Menschenkinder. Es bräuchte die Liebe nicht zur Erhaltung der Menschheit. Es bräuchte keine Freundschaft, keinen tiefen Austausch von Nähe und Verbundenheit, ja, es bräuchte noch nicht mal die kleinen Zeichen von Mitmenschlichkeit und Erbarmen, um den Planeten weiter zu bevölkern. Du müsstest dein Kind nicht lieben, um es zu versorgen und am Leben zu erhalten. Doch der Liebe ist dieser Mangel an Notwendigkeit egal. Als tiefes Sehnen wurzelt sie in unseren Herzen und lässt uns immer wieder neu zuversichtlich sein und das Du wagen. Die Liebe spiegelt das Göttliche wider; jede Menschlichkeit, wenn sie gelingt, trägt einen himmlischen Funken mit sich. Die Liebe reicht weit hinaus über mein eigenes Selbst. Wie sinnlos wäre doch das Leben, wenn ich nur mich selbst erhalten müsste, wie traurig, leer und einsam? Funktionieren würde es, zweifelsohne, aber es wäre doch ein sehr freudloses Dasein. Und so scheint es, als habe Gott selbst Samen der Liebe in unsere menschlichen Her-

***Wären die Zweifel die alleinigen Bestimmer unserer Seelen, wäre es schlecht bestellt um jedwede Art von vertrauensvoller und liebevoller Beziehung. Aber so ist es nicht! Der Mensch sucht das Du seit Anbeginn der Zeit!***

zen gesät und warte immer wieder geduldig, bis die ersten Spitzen aus der Dunkelheit hervorbrechen, wachsen und gedeihen und Frucht tragen, von der viele satt werden. Jedes Brot, das wir teilen, jedes freundliche Wort, das wir verschenken, singt ein Lied von Zuversicht und Liebe. Jeder Sonnenaufgang nach einer dunklen Nacht, jeder erste Schrei eines Menschen, jeder neue Frühling nach einem langen Winter und jede Sonnenblume in meinem Beet füttert meine Zuversicht, lässt sie immer tiefer wachsen, tiefer als alle Zweifel.

*Die Liebe spiegelt das Göttliche wider; jede Menschlichkeit, wenn sie gelingt, trägt einen himmlischen Funken mit sich.*

Kaum war dieses Jahr eine Woche alt, holte ich die großen Kisten aus dem Keller und schmückte den Christbaum ab. Kugel für Kugel, Stern um Stern, Engel nach Engel wurden fein säuberlich verpackt, um die nächsten elf Monate auf ihren neuen Einsatz zu warten. Ich hängte das Weihnachtsmobile von der Decke und wollte endlich die Barbarazweige entsorgen, die immer noch im Krug standen. Da entdeckte ich sie. Kleine dicke Knospen an kahlen Zweigen. Mein Herz hüpfte vor Freude, meine Zuversicht schlug Purzelbäume und ich bestaunte diese kleinen Vorboten neuen Lebens. Für den Augenblick versöhnt mit allen Zweifeln gab ich den Zweigen neues Wasser und kurze Zeit später blühten sie. Sie blühten, obwohl es immer noch Winter war, obwohl der Frühling immer noch unfassbar weit weg schien und die Tage in Dunkelheit ertranken. Sie hätten blühen sollen, als es Weihnachten wurde. Weihnachten, dieses Hoffnungsfest, das das Licht zurückbringen will in unsere Herzen und unsere Leben. Sie blühten im Januar, als wollten sie hinter die Botschaft von Weihnachten ein großes Ausrufungszeichen setzen. Es ist nichts Falsches daran, zu zweifeln und zu hinterfragen, nach neuen Antworten zu suchen, nicht alles als gegeben anzunehmen, eine Kleingläubige zu sein. Aber lass auch deine Zuversicht zu Wort kommen. Lass sie deine Zweifel an die Hand nehmen und der Hoffnung entgegengehen.

# 3. Zwischen Gönnen und Geizen

In unserer Familie gibt es eine sehr unaufgeregte Samstagabendtradition, die immer dann greift, wenn der Samstagabend keine anderen besonderen Pläne im Gepäck hat: Nach dem Abendessen trifft sich die gesamte Mischpoke für eine Filmlänge auf dem Sofa und macht es sich gemütlich. Allein die Auswahl des Films ist eine knifflige Angelegenheit, denn es muss eine relativ große Altersspanne überbrückt werden. Es entfallen alle Filme, in denen Menschen allzu anschaulich ihr Leben oder irgendwelche Gliedmaße verlieren, babyhafte Zeichentrickvarianten, Liebesfilme, Filme, in denen gesungen wird, und solche, in denen es um Ballsportarten geht. Nimmt man noch all die weg, in denen der Flachwitz regiert oder sprechende Haustiere eine Hauptrolle haben, bleibt tatsächlich nur noch eine kleine Auswahl übrig. Wichtig ist, dass jeder und jede gerne mitschaut und alle anderen digitalen Endgeräte weggelegt sind. Ein Familienfilmabend braucht nicht nur einen Film, er braucht auch ein gemütliches Plätzchen, von dem aus man ihn genießen kann. Und Snacks, am liebsten eine Auswahl, wenigstens aber eine Schale Chips oder Popcorn. Diese beiden Punkte sind noch kniffliger als die Auswahl des Films, denn wir sind viele. Wir sind sieben Menschen, die mittlerweile eine beträchtliche Größe erreicht haben, aber haben selbstredend keine sieben Sofas im Wohnzimmer stehen. Also müssen sich alle Beteiligten irgendwie einig werden, wer wo in welcher Weise sitzt, wer wo wie seine Beine ablegt, den anderen mit seinem Knie die Sicht versperrt, wie der Bildschirm noch ins eigene Sichtfeld passt und ob man die Chips-Schüssel aus eigener Kraft noch erreichen kann. Weil weder der Gatte noch ich willens sind, der ganzen Bande eine unbegrenzte Menge an Salzgebäck zur Verfügung zu stellen, wird die Schüssel auf dem Tisch zum Dreh- und Angelpunkt zahlreicher Diskussionen. Wer hat wie viel in welchem zeitlichen Abstand gefuttert, wer ist gefräßig und wer rücksichtslos, wer nimmt sich *schon immer* zu viel und wer bekommt *immer* zu wenig? Über all diese Punkte lässt es sich trefflich zanken und natürlich hat jeder irgendwie recht. Bevor du einen falschen Eindruck bekommst, kann ich dir versichern, dass wir diese kleine Samstagstradition und auch einander sehr mögen. Wir sitzen und liegen gerne beieinander und teilen Sofa, Chips und Zeit, auch, wenn wir uns jedes Mal neu einig werden müssen. Es ist schön, zusammen zu sein, es ist schön, mit vertrauten Menschen um vertraute Plätze zu handeln, und es ist auch noch keiner verhungert. Trotzdem spiegelt unser kleines samstägliches Szenario wider, was jedes Menschenherz kennt: das Dilemma zwischen Gönnen und Geizen.

Soweit ich mich zurückerinnern kann, wurde mir an allen prägenden Orten beigebracht, dass ein guter Mensch ein gebender Mensch ist. Besonders eindrücklich ist mir die Geschichte vom Ich-Menschen und dem Du-Menschen aus dem Kommunionsunterricht in Erinnerung geblieben. Diese zwei unschön gezeichneten Gestalten, die keinen Zweifel daran ließen, dass der Ich-Mensch nur an sich und seinen Besitz denkt und folgerichtig ein sehr einsamer und unglücklicher Mensch ohne Freund ist. Der Du-Mensch dagegen verschenkt gerne und freigiebig alles, was er hat, denkt niemals an sich und kann deshalb ganz fröhlich und unbelastet im Kreise seiner zahlreichen Freunde durchs Leben spazieren. Die modernere, buntere und glitzernde Variante dieser Geschichte fand sich später in Form des Bilderbuches vom Regenbogenfisch in jedem gut sortierten Kinderzimmer und ich las es mit beklommenem Herzen meinem Erstgeborenen vor. Die zu lernende Moral ist unschwer zu verstehen, denn sie lautet auch hier, dass nur der ein guter Fisch ist, der alles herschenkt, was er hat, was ihn auszeichnet und besonders sein lässt. Wer sich selbst verschenkt und nicht an sich denkt, wird gemocht und akzeptiert.

In einer Welt, in der Egoismus und Selbstbezogenheit tatsächlich relevante Übel sind, ist das ein nachvollziehbares Anliegen. Schon in der Bibel stritten sich Kain und Abel, Jakob und Esau, David und Saul bis aufs Blut darum, wer was haben darf, wer das größere Anrecht hat, wer nicht und wer es trotzdem einfach haben will. Demgegenüber steht das Ideal der Großzügigkeit, des Teilens und Weggebens. Es ist ein wunderbares Ideal, in dem keiner an sich und seinen eigenen Vorteil denkt, wo der Mensch seinen Nächsten und auch den Übernächsten in den Blick nimmt, wo das Wohl der anderen mitgesehen und mitgedacht ist. Das menschliche Herz scheint nicht ganz zu diesem Ideal zu passen. Das menschliche Herz möchte manchmal nicht alles verschenken, sondern gerne selbst behalten, woran es hängt. Es mag sehr löblich sein, das letzte Stück Pizza, die restliche Handvoll Chips dem Bruder zu überlassen, aber noch schöner wäre es doch, ich könnte es einfach selbst aufessen. Zu gönnen, was man eigentlich lieber selbst hätte, ist eine schwierige Angelegenheit. Es ist eine jener Herausforderungen, die uns ein Leben lang begleiten. Nun kann ich für meinen Teil sagen, dass es mir sehr leicht fällt, meine Chips und meine Pizza zu teilen. Mit mir macht das Teilen von Knabberzeug sogar Spaß, denn ich bin erstaunlich freigiebig und großzügig. Es macht mir schlicht nichts aus, mit beiden Händen abzugeben, denn ich mag überhaupt kein Salzgebäck und von Pizza wird mir schnell schlecht. Aber natürlich gibt es jede Menge anderer Dinge, wo die Sachlage gleich ganz anders aussieht. Weil ich aber die Moral vom gebenden Menschen wirklich tief verinnerlicht habe, gebe ich häufig trotzdem. Zähneknirschend, über einen inneren Widerstand hinweg, nicht leichten Herzens und voller wohlwollender Großzügigkeit, sondern aus einer inneren Verpflichtung heraus. Ich will ein guter Mensch sein, ein Du-Mensch, einer, der gerngehabt wird und nicht an sich selbst denkt. Und so gebe ich das letzte Stück des Streuselkuchens, meine Zeit, meine Begabungen, meine Arbeitskraft und den Rest Vanilleeis. Damit bin ich weit entfernt von herzlichem Gönnen und sehr nahe an einem inneren Müssen.

Vor einigen Tagen hatte ich einen Arzttermin, einen von der Sorte, die man regelmäßig, aber nicht allzu häufig wahrnimmt. Die behandelnde Ärztin hatte mich also lange nicht mehr gesehen und weil sie neugierig war und etwas Zeit übrighatte, kamen wir ins Gespräch. Ich erzählte ihr, was mich gerade beschäftigte, berichtete vom Dilemma zwischen Gönnen und Geizen und sie starrte mich entgeistert an. Es arbeitete in ihrem Gesicht und mit einem Ausdruck der Entschlossenheit erzählte sie, was sie umtrieb. Sie habe im Hof vor ihrem Haus einen Parkplatz angemietet, einen, der nur äußerst schwer zu bekommen und außerdem sehr teuer sei. Der Hof sei eng, das Parken schwierig und manchmal müsse man, bezahlter Parkplatz hin oder her, das Auto außerhalb abstellen, weil kein Platz zum Rangieren sei. Genau dies sei ein paar Tage zuvor geschehen und entnervt habe sie sich auf Parkplatzsuche begeben.

Am Abend entdeckte sie plötzlich, dass ihre Nachbarin Besuch bekommen hatte. Der Besuch hatte sein Auto just auf dem Parkplatz abgestellt, den sie angemietet hatte und nur aufgrund der verzwickten Ausgangslage selbst nicht nutzen konnte. Sie brauchte den Parkplatz an diesem Abend, in dieser Nacht, nicht mehr, sie hatte längst eine Alternative gefunden. Der Besuch hätte dort stehen bleiben können, es hätte keinen weiter gestört. Aber es war nun mal ihr bezahlter Parkplatz. Und so ging sie hinüber, klingelte Nachbarin nebst Besuch heraus und machte ihrem Ärger Luft. Sie bestand sogar darauf, dass das unberechtigt parkende Auto entfernt wurde und ging danach wütend ihrer Wege. Sie hatte ihr Recht durchgesetzt und der Parkplatz blieb die ganze Nacht über leer. Sie sah mich an und sagte: „Ich ärgere mich immer noch. Ich ärgere mich über mich selbst. Warum konnte ich ihnen den Parkplatz nicht gönnen? Der Besuch war eine junge Frau mit kleinen Kindern. Ich hätte es einfach gut sein lassen können. Aber andererseits weiß ich, dass ich mich genauso ärgern würde, wenn ich nichts gesagt hätte. Ich war im Recht, das ist mein Parkplatz und ich bezahle jeden Monat viel Geld dafür. Wissen Sie, wie schwer es ist, in dieser Stadt einen Parkplatz zu bekommen? Es ist fast unmöglich!" Ganz aufgeregt war sie beim Erzählen geworden, die Geschichte und ihr eigenes Verhalten trieben sie immer noch um. Ich schaute sie an und antwortete zögernd: „Das ist es, das Dilemma. Sie wären gerne großzügig gewesen, aber Sie und Ihr Recht wollten auch gesehen werden." Ich bekam ein neues Brillenrezept und zog nachdenklich von dannen.

Selbstverständlich fragte ich mich, wie ich in ihrer Lage reagiert hätte. Die Antwort ist in diesem Falle ziemlich einfach. Ähnlich wie bei Pizza und Chips kann ich in solchen Dingen erstaunlich großzügig sein. Außerdem hätte mein innerer, gut erzogener Moralapostel mir einen kleinen Vortrag darüber gehalten, wie wichtig es ist, kein Ich-Mensch zu sein. Geärgert hätte ich mich trotzdem und von Gönnen hätte aller Wahrscheinlichkeit keine Rede sein können. Ich hätte es einfach dabei belassen und grummelig großzügig über die Umstände hinweggesehen. Ich verstehe aber das Dilemma sehr gut. Es lässt sich leicht großzügig sein, wenn das eigene Herz nicht an der Sache hängt. Doch das Herz der Ärztin fühlte sich im Spiel um den Parkplatz nicht gesehen, stattdessen aber über den Tisch gezogen und ausgenutzt. Sie hatte nicht aus freien Stücken und aus eigener Entscheidung gegeben, sondern war von der Situation überrannt worden. Die Nachbarin hätte fragen können und die Antwort wäre womöglich sehr viel wohlwollender und freundlicher ausgefallen. Wenn es um Gönnen und Geizen geht, dann geht es auch um Respekt vor dem Hab und Gut anderer, um das Wahren von Grenzen und um Rücksichtnahme.

Ich merke, dass ich es selbst merkwürdig und befremdlich finde, wenn andere mit ihren Ressourcen eher zurückhaltend umgehen. Vor einiger Zeit bat ich eine Bekannte um eine Stunde ihrer Zeit. Aus meiner Sicht hätte sie keine große Mühe gehabt, keine zusätzliche Arbeit, nur ein Auge sollte sie auf meine beiden Kinder haben, die gerne mit ihrem Kind spielen. Sie sagte „Nein. Ich habe um diese Zeit viel zu tun und ich möchte das nicht!“ Ich war vor den Kopf gestoßen, voller Unverständnis und ehrlich gesagt ein wenig beleidigt. Genau darin liegt wahrscheinlich der Knackpunkt. Manchmal kann ich die Beweggründe eines Menschen nicht nachvollziehen und verstehen, doch trotzdem sind sie da. Es wird viel gesprochen, gepostet und geschrieben über das Einstehen für die eigenen Grenzen, den gesunden Umgang mit den persönlichen Möglichkeiten und knappe Ressourcen. Aber wenn jemand dann tatsächlich auf die Idee kommt, genau dies auch zu tun, wird es schwierig. Der Mensch ist deswegen nicht gleich ein geiziger Ich-Mensch, er kann nur gerade nicht großzügig sein, ob es für mich nun nachvollziehbar ist oder auch nicht. Ich selbst habe aber zutiefst verinnerlicht, dass ich zu geben habe, wenn einer möchte, auch wenn ich es eigentlich nicht will und auch gar nicht kann. Bin ich zum Gönnen und Großzügig sein verpflichtet, auch wenn ich es in meinem Inneren nicht möchte, wenn alles in mir dagegen protestiert? Wie viel Raum darf ich meinen eigenen Bedürfnissen einräumen? Werde ich nicht geizig und knickerig mit meinen eigenen Anliegen, nur um denen meines Nächsten eine höhere Priorität einzuräumen?

Die Bekannte hatte jedes Recht darauf, ihre Grenzen zu wahren und in diesem Falle sorgfältig mit ihrer Zeit umzugehen. Ich habe kein Anrecht auf die Zeit, die Kraft und Zuwendung eines anderen Menschen. Wenn ich darum bitte, muss ich auch mit einer abschlägigen Antwort leben können, ohne es gleich persönlich zu nehmen. Das Einstehen für die eigenen Bedürfnisse fiele uns womöglich allen leichter, wenn wir sicher sein könnten, nicht in die Ich-Menschen-Ecke gestellt zu werden. Ob Parkplatz oder Zeit, ob Chipstüte oder persönlicher Einsatz, sobald und solange es einem anderen gehört und nicht mir, habe ich kein Recht darauf. Ich kann darum bitten, aber er muss es mir nicht geben. Dieser Umstand ist gar nicht so leicht auszuhalten. Je mehr ich aber lerne, dass andere ihre Grenzen und ihre Besitztümer, ganz gleich, ob es sich dabei um zeitliche oder materielle Ressourcen handelt, wahren und schützen dürfen, desto mehr kann ich mir auch selbst diese Grenzen erlauben. Wenn ich gebe, was ich habe, auch wenn ich es überhaupt nicht will, dann bin ich nicht geizig. Aber ein wirkliches Gönnen ist es eben auch nicht. Ich nötige mich vielmehr selbst und spreche meinen persönlichen Bedürfnissen die Existenzberechtigung ab. Von Herzen gönnen heißt, dass ich nach Abwägung der Umstände gerne gebe. Ich entscheide mich freiwillig, aus eigenem Willen. Mir persönlich fällt es beispielsweise überhaupt nicht leicht, meine Zeit zu geben. Sie ist unfassbar rar gesät, mein Leben ist durchgetaktet und einen Großteil meiner Stunden investiere ich bereits in das Wohlergehen anderer Menschen. Mit den wenigen mir verbleibenden Spielräumen bin ich knickerig, um nicht zu sagen geizig. Wenn ich diese Zeit verschenke, dann möchte ich es aus freien Stücken tun, nicht aus einer inneren Verpflichtung heraus oder weil es einfach erwartet wird. Nicht selten habe ich genau deswegen aber ein entsetzlich schlechtes Gewissen. Es gibt immer einige Stimmen in meinem Kopf, die sich in schöner Regelmäßigkeit melden und mich mit garstigem Unterton daran erinnern, dass ich wohl auf dem besten Weg hin zum Ich-Menschen sei. Diese Stimmen sind schwer erziehbar und bestimmt hörst du sie auch in deinem Kopf. Da fehlen noch mindestens drei selbstgebackene Kuchen auf dem Buffet des Kirchenkaffees, es gibt noch einige unbesetzte Standdienste beim Schulfest, Freiwillige werden dringend gesucht und es wäre ganz großartig, wenn du, nur mal kurz, das macht dir doch nichts aus, oder? Dann musst du tatsächlich nur zwei Dinge tun. Zum einen die Stimmen in deinem Kopf ordentlich anpflaumen, denn sie sind schlicht ungehörig. Zum anderen darfst du dich ehrlich fragen: Möchte ich das tun, ist es mir die Zeit wert, die mir an anderer Stelle, im Zweifel bei mir selbst, fehlen wird? Will ich in dieser Angelegenheit Unterstützung bieten und kann ich es auch tatsächlich, ohne mir selbst Schaden zuzufügen? Wenn es dir die Sache wert ist, dann nur zu – schmeiß den Backofen an!

**Von Herzen gönnen heißt, dass ich nach Abwägung der Umstände gerne gebe.**

Falls nicht, dann darfst du in aller Freundlichkeit absagen. Dafür musst du keine Ausreden erfinden und du musst dich nicht rechtfertigen. Zeit ist ein rares Gut und du hast jedes Recht, sorgfältig damit umzugehen.

Natürlich möchte ich hier keinen Aufruf für mehr Geiz und Knickerigkeit in der Welt starten, denn davon gibt es wahrlich schon mehr als genug. Selbstverständlich wird die Welt um einiges freundlicher und lebenswerter, wenn die, die sie bewohnen, großzügig sein und von Herzen geben und gönnen können. Ich glaube nur, dass das Gönnen nicht unmittelbar zur Selbstaufgabe führen sollte und ein christliches Miteinander nicht zwangsläufig seelische und materielle Enteignung bedeuten muss. Großzügigkeit muss auch nicht immer gleich schmerzen, damit sie überhaupt etwas von Bedeutung und Wert ist. So kann ich beruhigt verschwenderisch geben, was mir persönlich nicht fehlen wird. Aufmerksamkeit und gute Worte, kleine Gesten der Freundschaft und ein freundliches Lächeln kosten tatsächlich nahezu gar nichts, weder Zeit noch Geld, und haben doch eine unschlagbare Wirkung. Ich grüße konsequent alle Nachbarn und Spaziergänger, die mir vor die Füße laufen und nicht in jedem Falle bekomme ich eine Antwort. Mir ist das egal, denn meine Freundlichkeit gibt es in diesem Moment gratis und vielleicht wird sie eine halbe Stunde später an einen anderen Menschen weiterverschenkt. Allen Dienstleistern, gleich ob sie Ware abkassieren, Post austragen oder die Schuhe neu besohlen, sollte man immer ein Lächeln schenken, zusammen mit dem Wunsch für einen schönen Feierabend. Schwups, hast du völlig kostenfrei einen Tag netter gemacht und mit etwas Wertschätzung verziert. Du bist dabei nicht um ein Jota ärmer geworden und dein Gegenüber ist um einiges reicher. Ich verschenke wahnsinnig gerne

Komplimente, denn die stehen anderen besonders gut und du kannst der Welt beim schöner werden förmlich zusehen. Es braucht nur ein aufmerksames Auge und schon siehst du die neue Frisur, den hübschen Schal, die besonderen Schuhe oder ein echtes Talent. Hat man es erst mal gesehen, kann man es auch gleich aussprechen, dafür musst du den anderen noch nicht einmal kennen. Natürlich muss ein Kompliment ehrlich gemeint sein, sonst wäre es wertlos, aber dann ist es, als würde man Fröhlichkeit und Bestärkung mit vollen Händen aussäen. Gerne verschenke ich auch gut erhaltene Kinderkleidung, denn mein finanzieller Verlust hält sich dabei sehr in Grenzen und ein möglicher Gewinn steht in keinem Verhältnis zum zeitlichen Aufwand eines Verkaufes. Ich beschenke also eine andere Familie und damit auch mich selbst. Wie sehr freue ich mich, wenn mir ein kleines Menschenkind genau in dieser Hose und mit diesem Pullover entgegenkommt und vielgeliebte Kleidungsstücke ein zweites Leben erhalten. Vielleicht sind es bei dir nicht Kinderkleider, dafür aber andere Dinge, die du großzügig weiterschenken kannst, ohne das Maximum an Gewinn dabei herauszuholen. Wenn von etwas zu viel da ist, kann man es weitergeben, einfach loslassen und verschenken. Einen halben Kuchen für die Nachbarn, zwei Gläser Marmelade und eine Dose des Festessens, das wir nicht allein aufessen können. Die tadellosen Schuhe, die mir leider nicht mehr passen und an der Freundin sehr gut aussehen würden. Natürlich kann man all das auch behalten oder wenigstens verkaufen, irgendetwas käme bestimmt dabei rum. Aber es an jemanden weiterzugeben, den es froh machen wird, kann ein viel größerer Gewinn sein. Diese Art von Gönnen erwartet keine Gegenleistung, keine Bezahlung oder einen irgendwie gearteten Ausgleich. Es ist ein Geben von Herzen und aus freiem Entschluss.

Einen Brief mit der Hand schreiben, den Hörer in die Hand nehmen und richtig anrufen, nicht nur eine dieser elenden Fast-Food-Nachrichten ins Handy tippen, echtes Interesse an einem anderen Menschen zeigen, ist großzügiges Gönnen in seiner schönsten Form. Pleite gehst du davon nicht. Die Liste der Freigiebigkeiten ließe sich unendlich fortsetzen und immer geht es dabei um eine Haltung der Zugewandtheit und der Offenheit für die Menschen, die mit mir dieses kleine Stückchen Erde und Leben teilen. Ich bin nicht allein auf der Welt und für alle Beteiligten ist es sehr viel angenehmer, wenn wir einander und nicht nur uns selbst wohlwollend in den Blick nehmen.

Manchmal darf Gönnen aber auch etwas kosten, und zwar mich, nicht die anderen. Ich finde das richtig und ich finde das wichtig, solange ich mich aus freien Stücken dazu entschließen darf. Ich möchte geben, ich möchte helfen, ich möchte einspringen. Nicht aus innerer Nötigung heraus, nicht, weil ich ein besonders guter Mensch sein möchte und schon gar nicht, weil ich Angst vor dem Verdacht habe, ein Ich-Mensch zu sein. Vielmehr aus dem inneren Bedürfnis nach Menschlichkeit und einem guten, fürsorglichen Miteinander. Dann wird mir die Stunde Zeit tatsächlich fehlen, aber du bist es mir wert. Es fällt mir nicht leicht, aber die Sache lohnt meinen persönlichen Einsatz. Mir wird es fehlen, aber du brauchst es gerade dringender. Ich bin gut versorgt, aber ein anderer ist in Nöten. Wenn jemand um Hilfe ruft, dann komme ich. Du kannst nicht mehr einkaufen, aber ich kann es für dich miterledigen. Als Menschen, die ohne Mitmenschen nicht überleben können, sind wir dazu gerufen, aufeinander zu achten und füreinander da zu sein. Dafür muss ich nicht meine eigene Bedürftigkeit verleugnen und alles hintenanstellen, was ich selbst benötige. Aber keiner ist der Nabel der Welt und Menschen brauchen einander. Das hat sich der Schöpfer doch fabelhaft ausgedacht, diese Angewiesenheit seiner Menschenkinder auf ein Du.

Weil Menschenkinder aber gelegentlich ausgesprochen störrisch sind, verfallen sie immer und immer wieder auf die Idee, das eigene Ego und das eigene Hab und Gut seien alleiniges Maß aller Dinge. Geiz und Raffgier, ganz gleich, ob sie sich um Zeit, Geld oder Hilfsbereitschaft balgen, gehören zu den Unarten, die jede Mitmenschlichkeit auffressen. Du kannst ihn in deiner kleinen und in der großen Welt jederzeit beobachten, diesen Kahlschlag der Habgier. Wenn niemand mehr seine Zeit uneigennützig investiert, wenn jeder geizt mit freundlichen Worten, mit seinem Besitz, mit den Gesten der Mitmenschlichkeit und seinem Einsatz für das Gemeinwohl, dann wird dieses Fleckchen Erde zu einem lebensfeindlichen Ort. Weil weder ich noch sonst jemand an so einem Ort gedeihen kann, ist es an mir und jedem einzelnen, die eigene Großzügigkeit und das eigene Gönnen können zu kultivieren. Es gibt so viele Möglichkeiten, die eigene Lebenswelt gut und freundlich zu gestalten und damit ein gutes Miteinander zu ermöglichen. Weil es aber ein Miteinander ist und kein Opferaltar für einzelne Selbstlose, darf ich auch für mich selbst und meine Bedürfnisse sorgen und einstehen. Dann bin ich kein Ich-Mensch und kein Du-Mensch, sondern versuche den Wir-Menschen.

*Keiner kann alles können – wie schön, wenn dir gelingt, woran ich scheitere!*

Ich versuche also, das Gönnen zu lernen, nicht nur den anderen, sondern auch mir selbst. Spannenderweise umfasst das Gönnen und damit auch das Geizen noch viel mehr als das bloße Geben und Behalten von Zeit, Eigentum und Freundlichkeit. Das Gönnen betrifft auch meine innere Haltung zu all jenen Dingen, Umständen und Lebenswirklichkeiten, über die ich selbst leider nicht verfüge, ein anderer aber sehr wohl. Lange Zeit war ich der festen Überzeugung, dass ich mit dieser Form des Gönnens überhaupt keine Schwierigkeiten habe. Bei allen menschlichen Schwächen, mit denen ich nun schon geraume Zeit durchs Leben spaziere, konnte ich die des „Nicht-gönnen-Könnens“, also der Missgunst, getrost weit von mir weisen. Über einen langen Zeitraum wagte ich sogar die steile These, dass mir zum neidisch sein schlicht jedes Talent fehle. Ich neide keiner und keinem das gute Aussehen, weder die langen Beine noch das traumhaft fallende Haar. Ich freue mich aufrichtig über außergewöhnliche Begabungen und Talente und finde es in keiner Weise schwierig, wenn du etwas besser kannst als ich. Hast du als Kind staunend zugesehen, wie andere offenbar mühelos über den Bock fliegen, während du selbst mit Anlauf dagegen knallst, dann kannst du dich entweder unaufhörlich grämen oder du nimmst die Dinge, wie sie nun mal sind. Keiner kann alles können – wie schön, wenn dir gelingt, woran ich scheitere! Komplimente verteile ich großzügig und meine es aus tiefer Seele ehrlich. Wunderbar, wenn du etwas kannst, was ich nicht kann, wie reich und bunt doch das Leben durch diese Vielfalt wird! Es wäre doch traurig und äußerst langweilig, wenn alle Welt gleich aussehen und gleich funktionieren würde. Ich bewundere geschmackvoll eingerichtete Häuser, Bilder vom Urlaub am Strand und den neuen Einbaupool ohne das leiseste Zucken in der Herzgegend. Wie schön, dass ihr das

**Wunderbar, wenn du etwas kannst, was ich nicht kann, wie reich und bunt doch das Leben durch diese Vielfalt wird! Es wäre doch traurig und äußerst langweilig, wenn alle Welt gleich aussehen und gleich funktionieren würde.**

erleben konntet, großartig, dass du etwas hast, was dir Freude bereitet, viel Spaß damit. Und so dachte mein kleines pharisäisches Herz geraume Zeit, wie gut es doch sei, dass es keinen Neid kenne. Dass es vielmehr ehrlich gönnen könne und wie furchtbar es doch wäre, wenn man als neidzerfressener Mensch durchs Leben spazieren müsse. Jedenfalls sehr viel schlimmer, als gegen einen Bock zu knallen oder keinerlei Talent für Chemie zu haben. Du kannst dir denken, dass mir meine neidfreie Selbstzufriedenheit eines Tages ordentlich um die Ohren flog.

Plötzlich bemerkte ich nämlich, dass in bestimmten Situationen ein merkwürdiges Gefühl auftauchte, unangenehm und mit gallig bitterem Geschmack. Es ballte sich in der Magengegend zusammen, wurde immer fester und lag dort wie ein Stein, hart und unbeweglich. Während das Gefühl im Magen klumpte, wurde auch das Herz bleischwer, das Atmen und die Gedanken. Tränen wollten fließen und gefroren auf halber Strecke. Das unangenehme Empfinden tauchte und taucht seither in schöner Regelmäßigkeit auf und so konnten wir einander zwischenzeitlich ganz gut kennenlernen. Eine Freundin erzählt mir von einem kinderfreien Wochenende, weil die Großeltern so gerne Zeit mit den lieben Kleinen verbringen. Zack, Klumpen im Bauch. Wird hinter dem Gartenzaun mit mehreren Generationen die Woche und die Termine der ganzen Familie organisiert, grüßt der Stein in der Magengrube. Kinderwagen schiebende Omas, fröhliche Tanten auf dem Spielplatz und Opas, die rasend gerne Fahrdienste übernehmen, machen aus meiner Magengegend den reinsten Steinbruch. Irgendwann löste sich der erste steinerne Klumpen wieder auf, nur der gallige Geschmack blieb noch ein Weilchen. Es dauerte eine Zeit, bis ich begriff und mir selbst eingestehen konnte: Der Name des Steines ist Neid. Ich neide kein Aussehen, kein Können, keinen Besitz. Ich neide aber offensichtliche Zuwendung, Unterstützung und Hilfe. Ich neide liebevolle Großeltern, die in der Lage sind, zu helfen und zu unterstützen. Ich neide Hühnersuppe, sich kümmernde Verwandte und heile Kindheitserinnerungen. Sehe ich Opas, die hingerissen mit ihren Enkeln spielen, Omas, die vor dem Schultor warten und Kinder, die mit gepackten Koffern in den Großelternurlaub reisen, wird es steinig in mir, mein Herz und meine Tränen gefrieren. Wie gerne hätte ich das auch!

Mein pharisäisches Herz musste mühsam erlernen, dass es ein ganz gewöhnliches Menschenherz ist und damit auch dann und wann ein neidisches. Schon in den Zehn Geboten, diesen komprimierten Handlungsanweisungen für ein gutes Menschenleben und ein gelungenes Miteinander, nimmt das Thema Neid einen zentralen Stellenwert ein. Womit auch schon geklärt wäre, dass es sich um ein weitverbreitetes und urmenschliches Gefühl dreht. Seit jeher handelt es sich um ein derart gewichtiges Thema im menschlichen Zusammenleben, dass es unbedingt einen Platz auf dem doch eher begrenzten Raum zweier Steintafeln brauchte. Es kann so mächtig werden, dass es Regelungen und Anweisungen bedarf, wie man damit umgehen soll. Der Apostel Jakobus stellte in einem seiner Briefe, die wie alle neutestamentlichen Briefe um ein gutes Zusammenleben in den ersten christlichen Gemeinden rangen, fest: „Neid ist keine Weisheit von oben, sondern irdisch und menschlich!" Ganz gleich also, ob es sich um ein Nomadenvolk in der Wüste, christliche Pioniere in Korinth oder Menschenkinder der Gegenwart handelt, so haben wir alle etwas gemeinsam. Gefühle von Neid und Missgunst mögen nicht weise, aber offenkundig äußerst menschlich sein. Die Menschheit ist sich in ihren grundlegenden Gefühlsregungen seit den Tagen des

Moses erstaunlich treu geblieben und ringt damals wie heute um den richtigen Umgang mit steinernen Klumpen im Bauch. Noch vor wenigen Jahren neideten Nachbarn einander je nach Gemütslage vielleicht den Neuwagen, den Gartenzaun und die zweite Urlaubsreise. Natürlich konnte man von jeher unfreundliche Gefühle in der Bauchregion verspüren, wenn innerhalb von Familien und Freundeskreis Menschen erfolgreicher wurden, als man ihnen ursprünglich zugetraut hatte, die Kinder unkomplizierter, das Haus größer und das ganze Leben viel freundlicher wirkte als das eigene. Doch seit geraumer Zeit tragen wir nun die ganze Welt in unserem Smartphone und auf den sozialen Plattformen mit uns herum. Du vergleichst dich und das, was dich ausmacht, inzwischen nicht mehr nur mit den echten Menschen in deinem echten Leben, sondern auch noch mit Susanne aus Hamburg und John aus New York. Bei allen Kommunikations- und Vernetzungschancen lauert auf ebendiesen Plattformen eine immense Gefahr beständiger Unzufriedenheit. Ich scrolle durch die Accounts und die fremden Leben, die sie abbilden und staune ehrfürchtig. Nahezu alle scheinen erfolgreicher, wissender, ökologischer, hipper, smarter und gewitzter zu sein. Jetzt folge ich keinen Supermodels und angesagten Lifestyle-Accounts, sondern bewege mich in einer Bubble, die interessenmäßig zu mir passt. Selbst christliche Familien-Accounts mit Faible für Bindung und Brotbacken können verflixt einschüchtern und neidisch machen. Neid, Unzufriedenheit und Missgunst sind also Gefühlswelten, die im Laufe der Menschheitsgeschichte eher an Größe und Komplexität gewinnen, anstatt sich als längst überholt abzumelden.

Neid und Missgunst sind dabei zwei Gefühlsregungen, die man nicht miteinander gleichsetzen und verwechseln darf. Das Empfinden von Neid zeigt zunächst einmal einen Mangel an, die Angst zu kurz zu kommen, das Fehlen von etwas, was ich meine, zu brauchen. Meine Seele vermisst schmerzlich etwas, das sie für notwendig erachtet, hat Hunger und fühlt die Leere eines Defizits. Klumpen sich Steine von Neid in der Magengrube, dann ist es schlau, sie genau wahrzunehmen. Nicht selten handelt es sich nämlich um eine schlichte Form der „Haben-Wollen-Krankheit“ und nicht um einen tatsächlichen Mangel. Die „Haben-Wollen-Krankheit“ ist weitaus weniger dramatisch und eine pure Laune des Moments. Ich kann sie aussitzen und recht schnell feststellen, dass es sich auch ausgezeichnet ohne Kaschmirpullover, Indoor-Pool, zweites Auto oder anderen Begehrlichkeiten leben lässt. Diese harmlose Krankheit befällt schon Kinder gerne und macht tatsächlich auch vor den wenigsten Erwachsenenherzen Halt. In der Regel bleibt sie aber kaum länger als eine handelsübliche Grippe, wenn du nur ein Weilchen geduldig abwartest. Schon wenige Tage nach Ausbruch kann man sich meistens gar nicht mehr erinnern, was man da eigentlich unbedingt haben wollte und wieso genau man auf die Idee kam, dass das Leben ohne dieses Ding keine runde Sache sei.

Manchmal meint das klumpige Gefühl jedoch etwas, das ich wirklich gerne hätte: einen tief verwurzelten Wunsch, eine Sehnsucht, die mich nicht mehr loslässt. Dann ist es an der Zeit, diesem Sehnen, Wünschen und Vermissen nachzugehen. Was kann ich tun, damit meine Sehnsucht erfüllt wird? Welche ersten Schritte könnte ich gehen, um mir zu erfüllen, was ich so dringend wünsche? Vielleicht muss ich anfangen zu sparen, vielleicht meinen Mut zusammennehmen und erste Schritte gehen. Vielleicht mache ich mich erst einmal schlau, was ich denn tun müsste, um meinem Ziel ein Stück näherzukommen. Manchmal lohnt es sich auch, einfach anzufangen und abzuwarten, was passiert: Eine Einladung aussprechen, eine Bewerbung abschicken, einen Text schreiben, den Pinsel in die Hand nehmen, Kontakt aufnehmen – mehr als schiefgehen kann es nicht. Ich nehme meine Sehnsucht und meine Wünsche an die Hand und wir suchen nach einer gangbaren Lösung. Auf diese Weise habe ich angefangen zu bloggen, erste Artikel geschrieben, Zwillinge bekommen und einen Hund in unser Leben geholt.

Lässt sich mein Wunsch und mein Empfinden von Mangel weder aussitzen noch realisieren, so kann und darf ich darum trauern. Oft handelt es sich dabei um tiefe Sehnsüchte, die eine schmerzhafte Lücke in meinem Leben offenlassen. Die Sehnsucht nach einem Kind, die sich nicht erfüllt, nach einer Liebe für das Leben, nach heilen Beziehungen oder Gesundheit für Leib und Seele. Ich kann mir in diesem Leben weder Großeltern für unsere Familie beschaffen, die Fürsorge und Unterstützung geben könnten, noch längst vergangene Tage in ungetrübtes Glück verwandeln. Aber wenn Steine in meiner Magengrube klumpen und die Sehnsucht sprechen lassen, dann darf ich traurig werden. Ich darf um das trauern, was ich eben nicht haben kann und auch nicht haben werde, so sehr ich es auch ersehne. Ich darf traurig sein und Abschied nehmen, so lange, bis der Abschied nicht mehr schmerzt und die Steine in meinem Bauch wieder flüssig geworden sind. Dann kann meine Seele Frieden schließen, mit einer Lücke, die bei anderen gefüllt ist. Das Zählen von Dankbarkeiten ist ein probates Mittel bei versteinerten Mägen und gefrierenden Tränen. Es lindert zumindest den galligen Geschmack und ist heilender Balsam für schmerzende Herzen: Sieh nur, was dir alles geschenkt wurde, was du erreicht hast, wer zu dir gehört! Sieh die kleinen und großen Schätze in deinem Leben, deine Einzigartigkeit und all die Schritte, die du bereits gehen konntest.

Keiner kann alles haben und es gibt kein verbrieftes Recht auf irgendetwas, so schwer das manchmal auszuhalten ist. Weder auf Besitz noch auf eigene Kinder. Weder auf Gesundheit noch auf die große Liebe. Wir können uns bemühen und dafür einsetzen, aber mit Betreten der Welt erhältst du keinen Garantieschein für das sorgenfreie Rundumpaket und Erfüllung aller persönlichen Wünsche. Manches, um das wir andere beneiden und bewundern, hat einen hohen Preis. Ein glänzender, erfolgreicher Insta-Account wird mit einem Leben auf dem Präsentierteller und irritierenden Kommentaren bezahlt. Ein Platz auf der obersten Stufe der Karriereleiter kostet Lebenszeit, die für anderes nicht bleibt. Eine große Familie mit vielen Kindern beinhaltet, dass die eigenen Bedürfnisse auf unabsehbare Zeit hintangestellt werden müssen, auch solche wie Schlaf und Feierabend. Ein großes Haus muss lange abbezahlt werden. Für vieles, was ich bei anderen sehe, wäre ich nicht bereit, den Preis zu bezahlen. Viel sinnstiftender ist es, die eigenen Gestaltungsmöglichkeiten für das eigene Leben wahrzunehmen und zu nutzen. Du darfst ehrlich umgehen mit deinem Neid, er muss dich nicht beschämen. Du darfst ihn deinem Gott hinhalten und um Gesundung bitten. Steigt der Neid in dir auf, dann begrüße ihn. Höre genau hin, was er dir sagen will. Sein Besuch fühlt sich nicht schön an, aber er kann dich sehr viel lehren und dich dir selbst näherbringen.

Die Missgunst dagegen, das wirkliche Nichtgönnen, ist die hässliche kleine Schwester des Neids. Sie sieht und vermisst nicht nur, was ihr fehlt und andere haben. Vielmehr gönnt sie es ihnen nicht, sie nimmt es richtig übel, dass ein anderer hat, was sie haben will. Wenn ich es schon nicht haben kann, dann sollst du es auch nicht haben.

Die Missgunst hat schon Kain und Abel in ernste Schwierigkeiten gebracht, denn es war weitaus mehr als bloßer Neid, was Kain dazu trieb, den eigenen Bruder zu erschlagen. Er konnte nicht gönnen, verübelte dem Bruder zutiefst, was ihm selbst fehlte. Die Missgunst fraß sich durch sein Herz wie unser Labradormädchen durch den geklauten Hefezopf. Sein Gott hatte ihn und sein Tun nicht in dem Maße gewürdigt, wie er es erwartet und erhofft hatte, nicht so, wie er den Bruder gewürdigt hatte. Die Folge war ein gekränktes, verletztes Herz, blindwütig vor Zorn und angefüllt mit missgünstigem Hass. Die Missgunst leistete ganze Arbeit, denn sie hat eine zerstörerische Kraft. Sie bringt einen Menschen dazu, ungerecht und hart zu werden, Grenzen zu verletzen und vorschnell zu urteilen. Wenn ich missgünstig werde, dann werte ich mein Gegenüber ab, werde ich unfair und aller Wahrscheinlichkeit nach auch garstig. Dafür muss ich meinen Nächsten nicht mit dem Knüppel erschlagen, es reichen abfällige Worte und der innige Wunsch, er möge dahin gehen, wo die Sonne nicht scheint. Ich mache meinen Mangel und mein Problem auch zum Problem meines Mitmenschen, der gar nichts dafür kann.

„Du sollst nicht begehren des anderen Hab und Gut“ ist ein sehr weises und vorausschauendes Gebot. Es musste auf dem knappen Raum zweier Steintafeln untergebracht werden, weil es unerlässlich ist, wenn menschliches Miteinander gelingen soll. Ich glaube aber, dass es sich vor allem auf die gemeine Spielart des Neides, die Missgunst bezieht. Sie ist einfach dazu angetan, Verwüstung und Unfrieden in menschlichen Herzen und Beziehungen anzurichten. Der Neid liegt in steinernen Klumpen in meinem Bauch, die Missgunst spuckt diese Steine meinem Nächsten vor die Füße. Stell dir nur vor, ich würde nun allen liebenden und rüstigen Großeltern, geliebten Enkelkindern und unterstützten Müttern und Vätern persönlich übel nehmen, was sie haben und ich gerne hätte! Wenn ich ihnen mit Widerwillen und Wut begegnen würde, weil ihnen in diesem Winkel des Lebens etwas geschenkt wurde, was ich vermisse? Das Bewusstsein für alles, was mir im überreichen Maße an Gutem geschenkt wurde, meine Schätze und das Füllhorn meiner Dankbarkeiten würden mir völlig aus dem Blick geraten. Missgunst vernebelt die Sicht auf das Gute, Schöne und Dankenswerte. Aller Wahrscheinlichkeit würde mich das zu einem sehr bitteren, gemeinen und sehr schnell auch sehr einsamen Menschen machen.

*Gut leben können wir nicht als Ich-Mensch und nicht als Du-Mensch. Gut leben kann jeder Einzelne nur im Wir.*

Ein gutes Menschenleben und ein gutes Miteinanderleben wären nicht mehr möglich. Genau das ist es aber doch, was Gott sich für seine Menschenkinder wünscht. So dringend wünscht er es, dass er das Gebot gegen die Missgunst, unbedingt auf den zwei Steintafeln des Moses unterbringen musste.

Mittlerweile nehme ich den Neid wahr, wenn er sich in meinem Bauch zusammenklumpt. Ich lasse meinem Herzen Raum zum Traurigsein, erinnere es liebevoll, wofür es dankbar sein darf, und freue mich mit denen, die haben, was ich ersehne. Ein solches Herz ist weit. Es hat Platz für den Neid und für das Gönnenkönnen. Nur für Missgunst solltest du nicht das kleinste Eckchen freiräumen. Die gehört auf keinen Fall in irgendein Menschenherz.

An jedem gewöhnlichen Samstagabend lernt meine Familie an sich selbst, wie man gut mit dem Dilemma von Gönnen und Geizen umgehen kann. Wo Menschen ihr Leben teilen, teilen sie unweigerlich früher oder später auch dieses Dilemma und alle dazugehörenden Fragen. Wie alle echten Lebensfragen muss man das Dilemma ein ganzes Erdenleben lang beackern, immer neu beantworten und mit ihm Frieden schließen. Wir zanken um die Chips-Schüssel, den besten Platz auf dem Sofa und wer mit wem die Decke teilt. Wir trainieren im Kleinen, was uns jeden Tag in allen Lebenswirklichkeiten begegnet. Altersunabhängig üben wir das Gönnen und das Geizen, die Fürsorge für eigene Bedürfnisse und die Bedürfnisse der anderen, den Umgang mit Neid und Freigiebigkeit. Beides ist richtig und beides ist wichtig. Gut leben können wir nicht als Ich-Mensch und nicht als Du-Mensch. Gut leben kann jeder Einzelne nur im Wir.

## 4. Zwischen Lieben und Lieben lassen

In unserem Hausflur gibt es eine Wand voller gerahmter Erinnerungen. Bilder hinter Glas erzählen Geschichten von den verrückten ersten Jahren mit unseren Kindern, von Familienfesten, Urlauben am Meer und der Oma, die nicht mehr bei uns ist. Eines der Bilder bedeutet mir besonders viel. Es zeigt ein Brautpaar von hinten. Braut und Bräutigam treten Hand in Hand aus der Dunkelheit der Kirche in das helle Sonnenlicht des heißen Julitages, der Schleier weht und das Gesicht des Mannes strahlt die Frau an seiner Seite an. Schöner kann man den Aufbruch in ein neues Leben nicht dokumentieren. Die beiden treten in das unbekannte Neuland, in eine Zukunft, von der sie nicht wissen, was sie für sie bereithalten wird. Die Braut auf dem Foto bin ich und nun, 18 Jahre später, weiß ich schon einiges mehr. Die vertrauensvolle Ahnungslosigkeit der beiden jungen Menschen und ihre Entschlossenheit, allem, was kommen möge, gemeinsam entgegenzutreten, rührt mich bis heute. Wie viele Gedichte, Dramen, Lieder, Erzählungen, Romane und Balladen wurden schon über romantische Liebe geschrieben? Wie viele wissenschaftliche Abhandlungen, Ratgeber und Artikel? Es müssen unzählige sein. Kaum, dass der Mensch in der Lage war, Worte schriftlich festzuhalten, beschrieb, besang und beklagte er das Liebesglück, das Liebesleid und alles andere, was mit der Liebe zwischen zwei Menschen einhergeht. Jede Liebesgeschichte ist einzigartig und allein deshalb kostbar und besonders, auch wenn manche von ihnen eher ein Drama oder ein Leidensepos abbilden. Nichts birgt so viel Hoffnung, soviel Zuversicht ins Leben, soviel Vertrauen in das Schöne, Aufrechte und Gute, als zwei Menschen, die einander ihre Liebe schenken. Es ist und bleibt doch immer ein echtes Wagnis der Herzen und jeder weiß, wie viel Schmerz in der Liebe stecken kann. Die Menschheit hört seit Anbeginn der Zeit nicht auf, dieses Wagnis einzugehen, und das ist in erster Linie ein großes Glück. Das Bild des jungen Brautpaares hängt in unserem Hausflur. Das ist nicht zuletzt deshalb sehr passend, weil der Mut dieser beiden zum Aufbruch in ein gemeinsames Leben die Eingangstür einer neuen Familie werden konnte.

**Mit der Liebe ist es, wie mit dem Kinderhaben, dem Gipfelbesteigen oder dem Bau eines Hauses: Was es wirklich heißt, erfährst du erst, wenn du es erlebst.**

Liebe wagen ist unfassbar mutig, denn das Einlassen auf einen anderen Menschen ist eine hochriskante Angelegenheit. Du machst dich verletzlich, durchlässig, angreifbar. Jemanden in das eigene Herz zu lassen ist unter Umständen bedeutend schwieriger, als jemandem die Tür zu öffnen und im Flur stehen zu haben. Obgleich ich mich schon da sehr genau vergewissere, wer genau eigentlich klingelt und hineingelassen werden möchte; keiner mag schließlich ungebetene Gäste im Haus haben, niemanden, den man fürchten muss, der einem ungefragt zu nahe kommt. Ich selbst darf umgekehrt auch nicht mit schmutzigen Schuhen in das Herz eines Menschen trampeln und muss zunächst herausfinden, welche Spielregeln in diesen vier Wänden gelten. Dabei bedarf es Vorsicht und Rücksichtnahme und nicht Brecheisen und Kettensäge. Ist die Liebe erst mal angekommen, kann das der Beginn von etwas Großem sein, dein Herz bietet dem anderen Heimat und findet selbst gleichermaßen ein zweites Daheim. Das junge Brautpaar ging nicht unvorbereitet in seinen großen Tag und in die gemeinsame Zukunft. Sie hatten einander sehr gut kennengelernt, kannten ihre Geschichten, ihre Träume, Wünsche und Werte. Sie hatten sich miteinander vertraut gemacht, waren Stunde um Stunde miteinander gelaufen, hatten gemeinsam gelacht, gearbeitet und geträumt. Saint-Exupérys „Kleiner Prinz“ wäre sehr zufrieden mit ihnen gewesen. Sehe ich heute das Bild, dann bin ich nicht nur gerührt, sondern muss auch ein wenig lächeln. Diese zwei hatten nicht die geringste Ahnung, was Liebe bedeutet, wie viel sie tragen und ertragen kann und muss. Vorbereitung ist gut und wichtig, aber mit der Liebe ist es wie mit dem Kinderhaben, dem Gipfelbesteigen oder dem Bau eines Hauses: Was es wirklich heißt, erfährst du erst, wenn du es erlebst, wenn du auf die Langstrecke einbiegst und die ersten unerwarteten Hindernisse auftauchen. Sie wandelt sich, wächst und verändert ihr Gesicht, fordert dich, und manches Mal erkennst du sie kaum wieder. Wer sich auf die Liebe einlässt, macht eine Gleichung mit vielen Unbekannten auf und den einen richtigen Rechenweg zur richtigen Lösung gibt es nicht. Trotzdem wagt das Herz, folgt einer tiefen Sehnsucht, die ihm mit ins Leben gegeben wurde. Eine Sehnsucht, aus der der Himmel flüstert: Liebe und lass dich lieben, genau wie ich dich liebe, du mein Menschenkind.

Die Fähigkeit des menschlichen Herzens zu lieben ist ein Geschenk des Himmels, da bin ich mir ganz sicher. Sie umfasst noch sehr viel mehr als die Liebe zwischen zwei Menschen. Es kann seine Kinder lieben, mehr als das eigene Leben, die eigenen Eltern, Geschwister, alle Tanten und Onkel, die beste Freundin und die warme Frühlingssonne nach einem langen Winter. Mein Herz liebt Bücher und Wolle, frisch gebackene Zimtschnecken und die Gedichte von Mascha Kaleko. Das liebende Herz scheint sich weit aufdehnen zu können, es kennt kein Limit, keine Höchstzahl für zu liebende Menschen, Umstände oder Dinge, das ist wirklich beeindruckend. Was lässt dein Herz schneller schlagen, füllt es mit dieser tiefen innigen Freude, mit Wärme und diesem eigenartigen Sehnen, wenn es fehlt? Weil wir als Menschen nicht nur atmen, funktionieren und überleben können, sondern einander und die Welt zu lieben vermögen, nenne ich diese Unbegreiflichkeit das größte Geschenk des Himmels, unfassbar und faszinierend. Es bräuchte die Liebe zum bloßen Existieren nicht, aber was wäre das für ein trauriges Leben? Stell dir vor, du hättest nie einen liebevollen Blick verspürt, deine Seele hätte niemals tiefe Zuneigung empfunden, dein Herz niemals beim bloßen Gedanken an einen anderen Menschen fröhlich gehüpft? Arme, die dich tröstend halten, weil sie dein Bestes wollen, die Hand, die du liebend gerne reichst, Seeleneinverständnis und Erdbeereis an einem warmen Sommertag. Denk dir nur, wie wüst und leer das Leben wäre, wenn du das alles nicht fühlen könntest! Das ist meine persönliche Vorstellung von Hölle und deshalb bin ich mir ganz sicher: Die Liebe ist ein Gottesgeschenk, hineingelegt als Samenkorn in jedes Menschenherz, das das Licht der Welt erblickt! Sie soll wachsen, gedeihen und sich selbst immer weiter aussäen. Sie ist das Fundament unserer Familien und unserer Freundschaften, unseres Glaubens und unseres ganzen Lebens, ganz so, als wäre sie das Urmaterial, aus dem unsere Welt gewebt werden sollte. Selbst das verkommenste Herz kennt irgendwas, woran es hängt, was es schneller schlagen lässt, wofür es leben möchte.

Die Liebe ist offenbar nicht nur ein Himmelsgeschenk, bei Bedarf auszupacken oder wegzuräumen wie der Sandwichtoaster und das belgische Waffeleisen. Gott selbst hat sein Geschenk zum obersten Gebot gemacht, zur Lebensgrundlage. Auch diese höchste Anweisung von oben musste unbedingt auf die Steintafeln des Moses, was schon einiges über ihre Bedeutung aussagt. „Liebe deinen Nächsten, wie dich selbst" wurde den Menschen in die Bedienungsanleitung für gelingendes Leben gemeißelt. Da stellt sich die Frage nach dem Warum. Wenn die Liebe ein Geschenk des Himmels ist, eingewoben in jede Seele, dann bräuchte es doch wohl keine Gebote, der Platz auf den Steintafeln war doch wohl knapp genug? Dabei handelt es sich offenbar um ein außerordentlich wichtiges Gebot, schließlich hat Jesus selbst es als Kern seiner Botschaft formuliert: „Das ist mein Gebot, dass ihr einander liebt, wie ich euch geliebt habe." So vielfältig die Lebens- und Glaubensweisen von Christen auf der ganzen Welt auch aussehen mögen, wie unterschiedlich auch die Prioritäten hinsichtlich der Glaubenswahrheiten gesetzt sind, an diesem Gebot kommt keiner vorbei. Selbst der überzeugteste Atheist begegnet früher oder später der Liebe und damit der Frage, wie wir gut miteinander umgehen können, um gut miteinander zu leben.

Der Umgang mit dem großen Himmelsgeschenk scheint nicht einfach zu sein, es erklärt sich nicht von selbst, bedarf weiterer Anleitung. Ich weiß das und du weißt das: Lieben ist eine komplizierte Angelegenheit in all seinen Dimensionen. Es beginnt schon damit, dass ich meinen Nächsten lieben soll. Ich fürchte, damit ist nicht gemeint, sich beizeiten einen feinen Menschen zum Lieben zu suchen, um ein paar zu liebende Kinder in die Welt zu setzen, und mit einigen liebenswerten Mitmenschen ein nettes Leben zu haben, Schluss, aus. Jeder Mensch, dessen

Leben von Mann, Frau, ein paar zu liebenden Kindern und einigen liebenswerten Mitmenschen bewohnt wird, weiß genau, wie herausfordernd allein diese für den eigenen Seelenfrieden werden können. Was sich zunächst mal nach einem harmlos schönen Gebot anhört, so zugewandt und freundlich, ist vielleicht unsere größte Herausforderung hier auf Erden. Das Liebesgebot Jesu erscheint einem denkbar einfach umzusetzen, wenn das Herz sich gerade frisch verliebt hat. Wenn man im Kreise Gleichgesinnter gemeinsam recht hat und sich wunderbar einig ist. Wenn dir ein Neugeborenes in den Arm gelegt wird und sich dein Herz mit Liebe flutet. Wenn du Hand in Hand mit deinem Bräutigam am Ausgang der Kirche stehst, bereit für die ersten gemeinsamen Schritte in eine unbekannte Zukunft. Genau dann gibt es kaum etwas Leichteres und Selbstverständlicheres, wahrlich keine komplizierte Angelegenheit. Die Liebe ist ein Geschenk und freigiebig schenkst du sie weiter.

Doch irgendwann kommt der Zeitpunkt, an dem es schwierig wird. Hast du dein Herz freiwillig und aus freien Stücken verschenkt, liebst du den anderen Menschen auch aus tiefer Seele und mit vollem Herzen, wird es dennoch schwierig. Weil die Liebe den Alltag tragen muss, die Vergangenheit und die Gegenwart. Weil das Leben nach Aufmerksamkeit schreit, die Differenzen sichtbar werden und manche Erschöpfung und Überforderung aushöhlt, was eigentlich stabiles Fundament sein sollte. Ganz gleich, ob Partnerschaft, Freundschaft oder die eigenen Kinder. Alles und alle haben Ecken und Kanten, an denen man sich trefflich stoßen kann, kuriose Seiten, Seltsamkeiten, die befremden oder einfach schlechte Laune. Die Liebe zu meinen unmittelbaren Nächsten kann unversehens bis auf das Äußerste strapaziert werden. Liebe hin oder her, jeder Liebste, und sei er noch so geschätzt, bleibt doch ein eigener Mensch, ein eigener Charakter mit eigenen Grenzen. Nicht alles daran mag ich unbedingt immer gerne. Das Geschenk verliert an Leichtigkeit, gewinnt an Schwere und damit gleichermaßen an Gewicht. Schon allein deshalb muss der Liebe die größtmögliche Bedeutung beigemessen werden. Droht sie verloren zu gehen, dann muss ich sie suchen, wenn sie mich kränkt, will ich ihr vergeben, und wenn sie verschwindet, dann darf ich unendlich traurig werden. Jedes Herz, das liebt, weiß um die schweren Seiten der Liebe, um ihre Zerbrechlichkeit, um ihren Hang zu verschwinden, wenn sie keine Aufmerksamkeit bekommt. Eine eigenwillige und einzigartige Dynamik geht damit einher. Die Liebe selbst gibt mir die Kraft, das zu tun, was sie erhält, stärkt, weiter und größer werden lässt. Wie oft spricht sie das kleine oder groß Trotzdem, wie oft setzt sie auf Beständigkeit, wenn alles einzustürzen droht? Manchmal heißt lieben ertragen, annehmen, aushalten. Ich halte zu dir, auch wenn ich dich nicht verstehe. Suche das Gespräch, auch wenn schweigen einfacher wäre. Manchmal heißt lieben ziehen lassen und loslassen, Gnade schenken und Vergebung. Diese Liebe kostet Herzblut und Hingabe, Verständnis und Demut. Wann immer ich Beziehung wage, echte Freundschaft, einen Menschen in mein Herz und in mein Leben lasse, dann kann nur wachsen, was gehegt und umsorgt wird. Die Liebe ist ein Geschenk, aber hüten und behüten musst du es schon selbst, nur dann kann etwas wirklich Großes daraus erwachsen. Ja, das ist wirklich schwierig, herausfordernd und bedeutsam, ein ganzes Menschenleben lang.

Manchmal kann auch bei allem Bemühen nichts wachsen und gedeihen, manchmal ist der Schmerz zu groß, die Verschiedenheit, die Wunden, die wir einander schlagen, zu tief. Vor einigen Jahren stand ich einem Menschen gegenüber, von dem ich wusste, dass ich ihn eigentlich lieben müsste. Doch in meinem

Herzen war keine Liebe, sosehr ich auch suchte, nur ein leises Gefühl des Bedauerns. „Liebet einander, wie ich euch geliebt habe" ist manchmal nicht nur schwierig, umständlich und herausfordernd. Manchmal ist es schlicht unmöglich. Ehen können zerbrechen, trotz allem Bemühen, Kinder können sich von ihren Eltern entfremden, weil tiefe Wunden geschlagen wurden, Freundschaften sich auflösen, als hätte man einander nie etwas bedeutet, hin und wieder kann man einander einfach nicht mehr ertragen. Ich kann mein Herz nicht zur Liebe zwingen, meiner Seele nichts abpressen, was einfach nicht da ist. Immer wieder habe ich mich gefragt, wie ich mit einem Gebot umgehen soll, dessen Sinnhaftigkeit und absolute Notwendigkeit ich durchaus einsehe, das aber regelmäßig an der rauen Lebenswirklichkeit zerschellt. Die Geschichten, die unsere Leben schreiben, sind voller Wunder, aber auch voller Grausamkeiten und tragischen Wendungen. Es gibt unzählige Gründe, warum die Liebe scheitert, verdorrt und verfliegt. Liebe kann man nicht erzwingen, befehlen oder herbei nötigen, auch in der eigenen Seele nicht. Allein ich kann mich entscheiden, Frieden zu schließen, mit dem Scheitern einer Beziehung und der Leerstelle in meinem Herzen. Ich kann mein Herz nicht zur Liebe zwingen, aber ich kann es vor der Lieblosigkeit bewahren. Dann wünsche ich dem anderen nicht alles Übel der Welt an den Hals, spare mir Boshaftigkeit und Rachegedanken, lasse gut sein, was eh nicht mehr zu ändern ist. Dann darf ich trauern um den Verlust, um den Schmerz und das Scheitern. Dann lass ich in Frieden ziehen, was nicht wachsen konnte. Vielleicht heißt Nächstenliebe, meinen Nächsten nicht der Lieblosigkeit zu überlassen, ihn schlecht zu behandeln oder mit Verachtung zu strafen, auch wenn wir einander Leid zugefügt haben oder uns das Leben dazwischenkam. Vielleicht ist das eine eigene Spielart der Liebe, die dann schon genug ist. Umso glücklicher darf ich mich schätzen, wann immer die Liebe gelingt, und Wurzeln schlägt. Weil wir uns ein ganzes Leben lang verändern, weil sich unsere Nächsten ein ganzes Leben lang verändern, verändert sich auch die Liebe, Jahr um Jahr, du musst sie wirklich behüten wie einen Schatz. Vielleicht wurde das Liebesgebot auf Steintafeln gemeißelt, damit wir sie nicht als selbstverständlich nehmen und versehentlich übersehen, wie viel Fürsorge und Entschlusskraft sie braucht.

Einander zu lieben ist also schon eine lebenslange Herausforderung, wenn es um meine allernächsten Mitmenschen geht. Sie zu lieben, wie mich selbst, macht das Ganze nicht eben leichter. Die Selbstliebe gehört offenbar zum Auftrag mit dazu. Ich studiere selbstverständlich nicht täglich die Zehn Gebote, aber gelegentlich begegne ich ihnen doch. Bei meinen letzten Begegnungen waren immer Kinder zugegen. Wenn ich mit ihnen darüber spreche, dass man sich selbst gernhaben soll, genauso, wie wir einander liebhaben, bemerke ich jedes Mal ein Unbehagen in mir. Nicht, weil ich nicht jedem Menschenkind von Herzen wünsche, dass es sich gut leiden kann, sich mag und für sich sorgt. Doch ich bin dabei ein denkbar lausiges Vorbild. Würde ich meinen Nächsten lieben wie mich selbst, dann könnte dieser Nächste einpacken. Ehrlich gesagt sind mir in meinem Leben nur sehr wenige Menschen begegnet, die ich über weite Strecken so wenig leiden mochte wie mein eigenes Ich.

In unserem Flur hängen nicht nur Bilder, sondern auch ein Spiegel. Die Frau, die mir daraus entgegenschaut, hat es wahrlich nicht einfach mit mir. Ich bin ihre härteste Kritikerin, nicht nur, was die Optik angeht, über viele Jahre war mein Umgang mit ihr harsch und lieblos. „Stell dich nicht so an!“, raunzte ich sie an, wenn das Leben sie zu überfordern schien. „Reiß dich mal am Riemen!", schimpfte ich ärgerlich, wenn sie nicht weiterwusste. Ich ließ sie körperliche Schmerzen ignorieren, warf ihr charakterliche Schwächen und einen Hang zur Disziplinlosigkeit vor, verweigerte ihr die Nahrung, nur um sie kurz darauf mit einem Zuviel davon mundtot zu machen. Mit keinem mir anvertrauten Menschen würde ich je so umspringen, hart und ungerecht urteilend. Ich glaube aber, dass ich bei Weitem nicht die einzige bin, deren Haltung zu sich selbst nicht eben von Liebe getragen wird. „Sich selbst nicht so wichtig nehmen und immer ein kritisches Auge darauf haben" war lange Zeit einer meiner treuesten Glaubenssätze, tief verinnerlicht, von klein auf. Ich fürchte, er wurde über Generationen von Frauen immer weitergegeben und am Leben erhalten. Warum nur ist der Mensch zu sich selbst so gemein? Warum nur sah ich mich immer mehr als dringend zu optimierendes Objekt denn als liebenswertes Subjekt? Die Liebesgeschichten mit dem eigenen Selbst sind höchstwahrscheinlich ebenso vielfältig und ungezählt wie alle anderen Liebesgeschichten auch, ihrer Zahl entspricht womöglich exakt der der Menschenleben seit Anbeginn der Zeit. Und wie jede andere Liebesgeschichte ist auch sie einzigartig und kostbar, auch wenn Harmonie und Freundlichkeit nicht immer ihre Stärke ist. Es sind hochkomplexe und vielfach komplizierte Geschichten, beginnend mit dem ersten Atemzug und endend mit dem letzten. Ich kenne deine Geschichte nicht, deinen Weg mit dir selbst, mit deinen Stärken und Schwächen, deinen Nöten und Bedürfnissen. Wie gehst du mit dir um, wie sprichst du über dich, wie versorgst du dich? Kannst du nachsichtig sein und gnädig, vergibst du dir deine Fehler und lächelst dir hin und wieder selbst zu? Ich musste eine weite Strecke mit mir durchs Leben gehen, viele kleine Schritte, um mit mir Freundschaft zu schließen. Es ist ein holpriger Weg mit vielen Stolpersteinen. Je älter meine

Kinder, insbesondere meine Töchter, werden, desto mehr spüre ich aber die Bedeutsamkeit einer versöhnten Liebe zu sich selbst. Es scheint mir so, als fiele den Mädchen und Frauen der wohlwollende, liebevolle Blick auf sich selbst schwerer als den Jungs und Männern. Doch diese versöhnliche Liebe, diese gesunde Beziehung mit der eigenen Person wünsche ich allen für ihr eigenes Leben. In der Pädagogik wird seit einigen Jahren auf Bindung gesetzt, wenn es um ein gutes und liebevolles Miteinander von Eltern und Kindern geht. Ich denke, dass wir uns genauso mit uns selbst verbinden müssen, mit unseren ureigenen Bedürfnissen, Ängsten und Grenzen. Wenn ich mich selbst bei mir gut aufgehoben weiß, dann kann ich auch anderen leichter mein Herz öffnen. Kinder und Jugendliche lernen nun mal von ihren Eltern, weniger von dem, was diese sagen, als vielmehr von deren Handeln. Ich habe also einen Auftrag aus zwei Richtungen. Den einen Auftrag hat die Mutter und den anderen das Gotteskind. Ich kann dir nicht Tag und Stunde sagen, in denen mir diese Beauftragung plötzlich klar wurde. Es war eher eine langsam reifende Erkenntnis, je älter ich werde, desto lauter wird sie. Das Gebot hat zwei Teile und beide sind von gleicher Wichtigkeit für ein gutes Leben. Immer häufiger merkte und merke ich: So kann ich nicht mit mir umgehen, das ist schlicht nicht richtig. Härte und Unbarmherzigkeit werden nicht dadurch salonfähig, dass du sie als Waffe gegen dich selbst richtest. Das Leben und die Liebe sind Geschenke Gottes, dein Leben ist ein Geschenk, sorge gut dafür! Glaube mir, ich weiß genau, wie schwierig das unter Umständen sein kann! Wie gerne wäre ich auch heute noch hin und wieder eine andere. Klüger, schöner, geduldiger, freundlicher oder ein wenig talentierter. Wie oft werde ich ärgerlich mit mir, weil ich meine Grenzen schmerzhaft spüre, die meines Körpers, vor allem aber die meiner Seele. Genau deshalb musste das „…wie dich selbst“ unbedingt mit auf die Steintafeln des Moses. Weil der Himmel seine Kinder kennt und weiß, dass sie dringend eine Erinnerung brauchen, immer und immer wieder. Er erinnert dich und flüstert damit gleichsam: „Liebe dich mein Kind, so wie ich dich liebe!“ Sei freundlich zu dir und lege dir an kalten Winterabenden eine Wärmflasche auf den Bauch. Versorge dich mit frischer Luft, Schlaf, gutem Essen und etwas zum Lachen. Wache über dein Herz, wenn es traurig ist oder verängstigt. Sei gnädig mit dir, wenn du an deine Grenzen stößt, nähre deinen Geist mit guten Worten und neuen Ideen. Versöhne dich lieber gleich mit deinen Runzeln, dünnem Haar oder krummen Füßen. Dein Körper ist das Haus deiner Seele, hör auf, ihn zu beschimpfen und feiere ihn dafür, dass er dich durch dein Leben trägt. Genauso würdest du mit deinem Nächsten umgehen, den du von Herzen liebst.

Begegne ich heute der Frau in meinem Spiegel, dann lächle ich ihr immer häufiger zu, vor allem dann, wenn sie müde und zerknittert aussieht. Erlaube ihr eine Pause, wenn es irgend geht, ein bisschen was von dem, was ihr wohltut. Wenn ich merke, wie der Unwille und die Ungeduld in mir hochsteigen, dann sage ich: Lass es gut sein, du siehst doch, dass du dein Bestes gibst. Dann wird mein strenges Herz friedlicher und der Blick auf mich selbst entspannt sich. Was nützt auch all die Strenge? Sie lässt mich nur verspannt, verkniffen und bitter werden. Es gibt so viel Wichtigeres und Sinnvolleres als im Unfrieden mit sich selbst zu leben und das ständige Mäkeln ruiniert zuallererst mir selbst die Laune und dann denen, die um mich herum sind.

Schlussendlich verändere auch ich mich ein ganzes Leben lang, entwickle ich neue Gedanken, Träume, Ideen. Wie in jeder anderen Liebesbeziehung auch ist es ratsam, sich immer neu kennenzulernen, ganz so, als sei ich mein nächster Nächster. Was will ich, was brauche ich, was kann ich für mich tun? Ich wurde mir selbst anvertraut, trage die Verantwortung für mein Leben und mein Lieben, das nimmt mir kein Nächster ab und auch nicht der Himmel. Auch das gehört zur Selbstliebe. Verantwortung und auch Treue für und zur eigenen Seele, einfach weil sie es verdient, weil sie einzigartig ist und von Gott selbst geliebt. Das tiefe Sehnen nach der Liebe anderer Menschen, von Eltern, Geschwistern, Partnern und Freunden, führt nicht selten dazu, dass man sich selbst verbiegt, verleugnet und damit verachtet. Das ist keine gute Idee, oft genug habe ich genau das versucht. Es zahlt sich nicht aus, macht unfrei und unglücklich, nicht nur dich, sondern auch die anderen. Wie viel weniger Stolpersteine gäbe es in unseren Beziehungen, wenn wir ehrlich zeigen und sein dürften, wie wir wirklich sind? Wenn wir die große Angst, nicht liebenswürdig genug zu sein und nicht genug Liebe zu bekommen, loslassen könnten? Wenn ich mich selbst liebevoll im Blick habe, dann achte ich sehr viel mehr darauf, dass ich bleiben darf, wie ich geschaffen wurde, wie es meinem ureigensten Charakter entspricht, wie ich gerne lebe. Ich darf mich sehen und lieben lassen, ganz so, wie ich bin, so wie ich gedacht wurde. Ich wahre damit nicht nur die Grenzen der anderen, sondern auch meine eigenen. Manchmal kostet mich das ordentlich viel Mut. Sich selbst zu lieben, für sich einzustehen und zu sorgen ist ein Wagnis, wie jede Liebe. Vielleicht gibt es an der ein oder anderen Stelle Gegenwind, vielleicht musst du aushalten, dass du nicht jedem gefällst, vielleicht musst du immer wieder neu Freundschaft mit dir und deinen Grenzen schließen. Diese Liebe lohnt, das weiß auch der Himmel.

Nun ist die Liebe offensichtlich eine höchst komplizierte Angelegenheit, wenn es um die mir nahestehenden Menschen oder mein eigenes Selbst geht. Um wie viel komplizierter wird es dann, wenn ich an meinen Übernächsten und den Rest der Menschheit denke? All jene, die ich mir nicht ausgesucht und in mein Leben gebeten habe, die anders leben, denken, fühlen und handeln als ich? Ich glaube tatsächlich, dass das Gebot der Nächstenliebe nicht weniger von uns fordert als Menschenliebe. Und das ist nun wirklich eine Herkulesaufgabe.

Vor wenigen Tagen erst rief mich eines der Kinder an. Es war gedankenverloren über den Bahnhofsvorplatz gelaufen und mit einem anderen Menschen zusammengestoßen. Das Kind entschuldigte sich wegen der eigenen Unaufmerksamkeit, nur um wenig später festzustellen, dass es ausgeraubt worden war. Der Rempler war absichtlich herbeigeführt worden, Geldbeutel nebst Inhalt verschwunden. Nun, auch wenn ich mir sehr viel Mühe geben würde, wäre da immer noch keine Liebe für diesen räuberischen Nächsten in meinem Herzen. Alles, was ich da noch fand, war ein zorniger Klumpen Wut.

Schalte ich am Abend die Nachrichten ein, fasse ich mir nicht selten entgeistert an den Kopf und diese eine Frau im Ort kehrt in mir wirklich das Unterste zuoberst. Wenn ich ehrlich sein soll, dann könnte ich mich pausenlos aufregen und echauffieren. Ich begreife nicht, warum mir jemand erst die Vorfahrt nimmt und mir dann auch noch den Vogel zeigt. Ich begreife aber auch nicht, warum jemand so furchtbar langsam fährt, hat der Mensch denn kein Zuhause? Warum nur ist diese eine Mathelehrerin meines Kindes so eine herzlose blöde Kuh? Ich verstehe nicht, wie sie so arbeiten kann! Hast du ihn gehört, und sie gesehen? Unfassbar, was manch einer von sich gibt, wie kann man sich so verhalten, aufführen, anziehen oder wichtig machen! Frau X. ist nervtötend und Herr Y. einfach ein unerträglicher Speichellecker. Das ist keine Politik, das ist ein Zustand, von welchem Planeten stammt denn dieser Verrückte? Ihre Gegenwart ertrage ich keine Minute länger, das muss sie schon einsehen, vielleicht rolle ich sicherheitshalber entnervt mit den Augen. Du brauchst nur drei Schritte vor die Haustüre gehen, deinen Instagram-Account öffnen oder dich in beliebigen WhatsApp-Gruppen tummeln und schon hast du mehr als genug Gründe, an der Menschheit zu verzweifeln. Von den wirklichen Despoten, Kriegstreibern und Menschenrechtstretern dieser Welt will ich gar nicht erst anfangen, lieber Gott, du musst doch einsehen, dass solche Leute einem das Lieben unmöglich machen!

Bei Lichte betrachtet sind es erstaunlich wenige Menschen, die man wirklich liebenswert, dafür umso mehr, die man äußerst befremdlich findet. Wir Menschenkinder sind ausgesprochen unterschiedlich gestaltet und manchmal schlicht nicht kompatibel. Ausgerechnet von Goethe stammt der weise Satz: „Kinder, liebet einander, und wenn das nicht geht, dann lasset wenigstens einander gelten!“ Meine Mutter wurde nicht müde, diesen Satz bei jeder passenden Gelegenheit aus der Schublade zu holen – allein das konnte mich auf die Palme bringen. Heute weiß ich, wie recht sie beziehungsweise der alte Goethe damit hatte. Ich muss meinen Nächsten nicht verstehen, begreifen, mögen, geschweige denn lieben. Aber gelten lassen muss ich ihn schon. Dadurch mag ich weder die Mathelehrerin noch den räuberischen Taschendieb, weder die nervtötende Frau noch den Speichellecker einen Deut mehr. Aber ich weiß, dass sie meine Menschengeschwister sind, dass sie

***Eine liebevolle Grundhaltung ermöglicht mir, die anderen weiterhin nicht leiden zu können und trotzdem anständig mit ihnen umzugehen.***

ein Recht haben auf ihre Eigenheiten und Besonderheiten, auf Würde und Respekt, genauso, wie ich es auch für mich in Anspruch nehme. Ich kann schließlich nicht ausschließen, dass auch mich manch einer wirklich nervtötend und anstrengend findet. Womöglich sehe ich die Welt sehr einseitig und auch in den anderen Perspektiven liegt Wahrheit.

Eine liebevolle Grundhaltung ermöglicht mir, die anderen weiterhin nicht leiden zu können und trotzdem anständig mit ihnen umzugehen. Es gibt eine Hölle der Lieblosigkeit und mit jeder Lästerei, mit jeder Abwertung und Herabwürdigung eines anderen Menschen baue ich selbst daran mit. Wir sehen die Bilder von Krieg und Zerstörung, das unfassbare Leid der Menschen, Exzesse von Hass und fehlender Liebe. Menschen bereiten Menschen die Hölle auf Erden, setzen das Gebot der Nächstenliebe außer Kraft, machen sich selbst, die eigene Stärke und die eigene Wahrheit zum Maß aller Dinge. Wir können darüber fassungslos die Köpfe schütteln, aber unsere eigene alltägliche Lieblosigkeit ist eine Form des Krieges im Kleinen. Ihre Waffen sind das Lästern und das Abwerten, spöttisches Kommentieren und verbale Tiefschläge, ganz gleich, ob sie an der Supermarktkasse oder in den Kommentarspalten der sozialen Medien ausgeteilt werden. Klingelt das Telefon bei mir und eine nette Freundin ist dran, dann werden häufig nicht nur Neuigkeiten der eigenen Familien, sondern auch Tratsch und Klatsch breitgetreten. Ganz nebenbei passiert das, es blubbert einfach aus uns heraus, locker und leicht. Es liegt eine Lust im Lästern, eine schnell verfügbare Freude in spitzen Worten und gefräßiger Neugier. Aber das Laster des Lästerns ist lieblos und

***Nächstenliebe wird spürbar und lebbar, wenn ich respektvoll mit dir umgehe, auch wenn du nicht so bist, wie ich dich gerne hätte.***

gehässig, lebensfeindlich, natürlich weiß ich das. Ich pflanze Unfrieden in meinem eigenen Herzen aus, verspritze Gift und Galle. Trotz dieses Wissens ist die Versuchung immer groß. Weil ich mich für den Moment überlegen fühle, die Dinge und das Leben scheinbar besser im Griff habe, weil ich weiß, wie der Hase läuft. Diese Illusion hält genau für die Dauer eines Telefonats. Danach fühle ich mich schäbig. Ähnlich ist es mit den schnellen harten Urteilen, die mir so locker in der Tasche sitzen und die sich eigentlich kein Mensch erlauben darf. Wer kennt schon alle Seiten einer Medaille, die genauen Hintergründe einer Geschichte, einer Nachricht, einer Position? Wenn ich mir aber die Zeit zum Ergründen nicht nehme, wenn ich nicht alle Sichtweisen in Betracht ziehe und wenigstens für den Moment versuche, die Sachlage mit anderen Augen zu sehen, ja, dann muss ich eigentlich meinen Mund halten. Alles andere ist unfair und lieblos.

Seit das Internet die ganze Welt in unser Smartphone gebracht hat, sind auch die Themen, Ereignisse und Meinungen uferlos geworden. Damit einhergehend werden auch die Möglichkeiten, unfair und lieblos zu urteilen, schier uferlos. Wenn ich die Liebe nicht lassen möchte, dann muss ich wenigstens versuchen, das Andere, das Fremde, die Meinung, die nicht meine ist, zu verstehen, wenigstens aber nicht zum verbalen Vernichtungsschlag ausholen. Unsere Worte und unsere Urteile sind scharfe Waffen, sie können ernsthaft verletzen und Schaden anrichten. Nächstenliebe wird spürbar und lebbar, wenn ich respektvoll mit dir umgehe, auch wenn du nicht so bist, wie ich dich gerne hätte. Wenn wir einander Gehör schenken, auch und gerade dann, wenn wir unterschiedlicher Meinung sind. Natürlich ist Ärger und Groll, Wut und Unverständnis eine explosive Mischung, die sich schwer einfach runterschlucken lässt.

Nächstenliebe heißt, dass ich sie meinem Gegenüber nicht vor die Füße spucke und sie damit einfach los bin. Ich muss nicht jeden Menschen mögen, seine Meinungen teilen oder seine Weltsicht begreifen. Aber ich darf dabei nicht vergessen, dass meine Fremdheit, meine Vorurteile, mein Nichtwissen *mir* gehören und ich sie nicht jedem um die Ohren hauen darf. Eine liebevolle Grundhaltung bringt dem Anderen Wertschätzung entgegen, einfach, weil er Mensch ist. Sie spricht ihm nicht die Würde und das Existenzrecht ab, nur weil ich ihn nicht begreifen kann.

**Lass uns unsere Zungen hüten und unser Unverständnis zumindest im Zaum halten. Wir müssen einander nicht lieben, aber liebevoll miteinander umgehen schon.**

Ich glaube, dass man so eine liebevolle Haltung üben kann, auch wenn ich genau weiß, dass das Training hart ist. Ich übe manchmal im Auto, wenn der Mensch vor mir offensichtlich keine Ahnung vom Fahren hat ... dann übe ich, nicht zu schimpfen und zu brüllen, sondern Frieden mit meiner Ungeduld zu schließen. Wenn mich jemand mit harschen Worten anfährt, dann bewahre ich Ruhe. Grobes Beschimpfen war noch nie der Nährboden für konstruktiven Wandel und hilfreiche Lösungen. Manchmal funktioniert es, manchmal nicht. Tatsächlich fühlt sich mein kleines Üben oft sehr naiv an im Angesicht der Lieblosigkeit der Welt. Je mehr Menschen versuchen, in aller Naivität ihr Fleckchen Erde ein wenig freundlicher zu gestalten, desto freundlicher wird sie letztlich auch werden.

Nächstenliebe ist ein wertvolles und gleichsam zerbrechliches Gebot. Keines wird offenkundig so sehr mit Füßen getreten, bloßgestellt und diffamiert. Jeder weiß genau, wie rasend schnell das geht. Dabei will es doch der Nährboden für ein gutes Leben sein. Bestelle dein kleines Stückchen Lebenswelt mit guten Worten und Verständnis, mit Achtung und Wertschätzung. Lass uns unsere Zungen hüten und unser Unverständnis zumindest im Zaum halten. Wir müssen einander nicht lieben, aber liebevoll miteinander umgehen schon.

# 5. Zwischen Gott und meinen Götzen

Morgen bekomme ich endlich den Herrenbesuch, auf den ich schon lange sehnsüchtig warte: Der Schreiner eines Möbelhauses wird anreisen, um unsere Küche auszumessen. In einigen Monaten wird dann der meistgenutzte Raum in diesem Haus in neuem Glanz erstrahlen und ich freue mich ganz unfassbar darauf. Die aktuelle Küche ist nicht nur in die Jahre gekommen, sondern alt und gebrechlich geworden. Sie ächzt und stöhnt, sobald man eine Schranktür öffnet, und nicht selten bricht sie sich ein Scharnier oder etwas vom ramponierten Furnier. Jeden Tag scheint sie mir zuzurufen: „Bitte, lass mich endlich in Frieden, ich kann nicht mehr!“ und dann wirft sie mit irgendeinem Teil nach mir, einer Schranktür oder einem Rotorblatt der Ofenlüftung. Leicht trenne ich mich nicht von den alten Schränken und Arbeitsplatten, denn sie sind mir in all den Jahren sehr ans Herz gewachsen. Unzählig viele Mahlzeiten wurden hier zubereitet, Teige geknetet, Buffets für Feste aufgebaut. Ein Ort immer gleicher Handgriffe, vertraut und geübt, ausgeführt im Rhythmus des Lebens und Arbeitens, des stetigen Wechsels aus Nahrung zubereiten, Abwasch erledigen und Gedanken tauschen. Es ist dieser Rhythmus, der meinen Tag strukturiert, der unsere Familie zusammenkommen lässt, der mich schleift, wie meine Hände den Teig für das tägliche

Brot. Der Puls unseres Lebens, das Herz unseres Hauses kannst du hier schlagen spüren. Aber ehrlicherweise ist die Vorfreude auf das Neue doch größer als die Wehmut um das Alte. Ich bin relativ unbesorgt, dass ich und das neue Mobiliar schnell miteinander vertraut werden, denn auch wir werden viele Stunden beieinander sein und mögliche Fremdheitsgefühle schnell überwinden.

Küche und Esstisch sind das Zentrum unseres Alltagslebens, hier wird gegessen und besprochen, getrunken und gelacht, gerührt, gebacken, geschimpft, geweint und diskutiert. Irgendwo steht immer eine Schüssel mit Teig, der noch ein Weilchen schlafen muss, gut zugedeckt mit einem Küchentuch. Im Schrank findest du ein Stückchen Schokolade oder drei bis fünf Kekse, falls du eine kleine Stärkung brauchst, keiner muss hier hungrig bleiben. Kaum ein Ort erzählt so viel darüber, wie die Menschen leben, denken, fühlen wie ihre Küche und der Platz, an dem sie essen. Es gibt puristische und klinisch reine, dekorative und angeranzte, viel genutzte und kaum berührte. Es gibt einen Grund, warum Küchen gerne der Mittelpunkt einer Party oder Festgesellschaft sind, denn hier lässt es sich leichter beieinander sein, fröhlich und vertraut. Du könntest auch bequem in der Sofaecke Platz nehmen und dort ins Plaudern kommen, aber nein, der Mensch sitzt lieber da, wo er Essen vermutet, oder steht sich in der Küche die Füße platt. Auch unser Besuch sammelt sich automatisch um den großen Esstisch und bleibt so lange dort sitzen, bis das letzte Glas, die letzte Tasse geleert ist und er wieder nach Hause geht. Wahrscheinlich in seine eigene Küche.

Hier, genau hier, treffen wir aufeinander und teilen unser Essen und unsere Leben, sind wir einander nahe, auch dann, wenn wir uns innerlich gerade fern fühlen. Es ist gut, so einen Ort zu haben, einen gemeinsamen Herzschlag zu spüren, zu wissen, wo ich Nahrung für meinen Leib und meine Seele finden kann. Ich wünschte, es gäbe für jeden Menschen so einen Platz, an dem er sich zu Hause weiß und versorgt mit allem, was er für ein gutes Leben braucht. Wo es nach Kaffee riecht, einer warmen Mahlzeit und nach Kuchen am Sonntag. Vielleicht muss ein solcher Ort für dich ganz anders riechen, aber du weißt wohl, was ich meine. Es ist das Bedürfnis nach einer Mitte, um die sich alles kreist, mal in engeren, mal in weiteren Bahnen, ganz so, als bräuchte es eine Lebenssonne, auf deren Umlaufbahn ich mich bewegen kann, die mir Sicherheit und Licht gibt und mich auf Kurs hält. Ganz lebenspraktisch ist dieses Zentrum nun mal oft die Küche, gleich ob großzügig im Landhauslook oder simple Einbauzeile. Das sichere Wissen um so einen Ort macht frei. Wer weiß, wo seine Mitte liegt, sein Zuhause, der kann getrost ins Leben ziehen, wo auch immer es gerade stattfinden mag, weil er weiß, wohin er zurückkehren kann, um aufzutanken und auszuruhen.

**Es scheint das Gesetz allen Lebens zu sein, dass es eine solche Mitte braucht, um nicht verloren zu gehen, ein Herz, dessen Schlagen Lebendigkeit verheißt, einen Punkt, um den sich alles dreht.**

Im Strudel des Alltags ist die Küche meine Mitte. Aber es braucht noch eine andere, eine, um die das ganze Sein kreisen kann, mal näher, mal weiter. Wer ist die Mitte meines Lebens, mein geistiges und geistliches Zentrum? Auf wessen Umlaufbahn bewege ich mich durch die Lebensjahre hindurch, an wem richte ich mich immer wieder aus, orientiere ich mich? Wer ist mein Zufluchtsort, wenn es um mehr als Menschenmögliches geht, wenn eine Tasse Tee und ein Stück Kuchen und menschliche Worte als Antwort nicht ausreichen? Es scheint das Gesetz allen Lebens zu sein, dass es eine solche Mitte braucht, um nicht verloren zu gehen, ein Herz, dessen Schlagen Lebendigkeit verheißt, einen Punkt, um den sich alles dreht. Es gibt einen Kreislauf des Lebens, des Wachsens und Werdens. Auf diese Weise pumpt dein Blut durch den Körper und versorgt dich, damit es dir an nichts mangelt. Die Jahre drehen sich im Kreis, immer wieder zieht es vorbei an dunklen Wintertagen und dem ersten Anklopfen des Frühlings, an heißen Sonnenstunden und den bunten Farben des Herbstes. Und du selbst kommst immer und immer wieder an denselben Lebensfragen vorbei, zeit deines Lebens, sobald dein Verstand anfängt, bewusst zu funktionieren. Je nachdem, auf welchem Jahresring du gerade unterwegs bist, findest du neue Antworten, änderst deine Sichtweise oder gehst ratlos weiter. Woher, wohin, warum? Was ist der Sinn meines Seins, wie kann ich dieses Leben füllen, welche Spuren will ich hinterlassen, wenn ich dereinst nach Hause gehe? Es sind große Fragen, die uns das Leben in schöner Regelmäßigkeit vor die Füße wirft, sie wiegen schwer. Manch einer rennt durchs Leben, im Zickzack, wie ein Hase, nur um ihnen beständig auszuweichen, was ich mir tatsächlich noch anstrengender und beängstigender vorstelle als die Auseinandersetzung damit. Spätestens am Ende holen sie jeden ein. Wohl dem, der sich vorher schon mit ihnen angefreundet, zumindest aber bekannt gemacht hat. Wohl dem, der seine Mitte gefunden hat, seinen Orientierungspunkt, seinen Platz in der Küche.

„Du sollst keine anderen Götter neben mir haben“ diktiert Gott den Menschen ins Stammbuch und bietet damit genau das an: Lass mich deine Mitte, dein Zentrum sein! Als gläubiger Mensch vertraue ich auf meinen Platz in der Küche der

Ewigkeit und ich darf schon jetzt und hier dort auftanken, mir Nahrung für die Seele, Luft und Orientierung holen. Allein die Ahnung und das Sehnen öffnen den Raum. Meine persönliche Vorstellung von der Ewigkeit, von einem Platz ganz nah bei Gott, hat viel mit einer warmen Wohnküche und sehr wenig mit großen Kathedralen zu tun, auch wenn die zweifelsohne imposant sind. Es ist mehr als nur ein Freundschaftsangebot, eine Anfrage des Himmels, einander besser kennenzulernen: Mach mich zu deinem Fixstern, zur Mitte deiner Umlaufbahn, an mir kannst du dich und deine Fragen immer neu ausrichten! Bei mir am Tisch ist ein Platz für dich!

Was für eine Aussicht, was für ein Trost und Halt, wann immer ich durch mein Leben stolpere und einfach nicht weiterweiß. Bei Gott zu Hause kannst du satt werden und dich aufwärmen, darfst du sein, wie du bist. Du kannst gleich damit anfangen und musst nicht bis an dein seliges Ende warten, aber wenn es dann so weit ist, dann brauchst du dich nicht fürchten. Du siehst in der Dunkelheit des Todes schon das Licht leuchten, das Zuhause verspricht.

Blöderweise kann es nur ein Zentrum geben, einen Mittelpunkt, einen Fixstern, das liegt in der Natur der Sache. Wenn ich in meinem bisherigen Leben auch nur wenig von Mathematik begriffen habe, so ist es doch sehr einleuchtend, dass der Kreis, den der Zirkel aufs Papier zeichnet, nur eine Einstichstelle haben kann. Suche ich mir einen weiteren Mittelpunkt, läuft die Sache aus dem Ruder, eiert, wird krumm und schief. Im Körper eines Lebewesens kann nur ein Herz schlagen, das uns am Laufen hält, sonst würde alles durcheinandergeraten. Du kannst nicht in drei Küchen gleichzeitig am Tisch sitzen und ganz zu Hause sein, sonst verhedderst du dich, ganz übel und schwindelig würde dir, von all der Esserei und all den Gedanken. Der Mensch, und nichts anderes bin ich nun mal, scheint jedoch seit Anbeginn der Zeit in gewisser Weise unbelehrbar und versucht deshalb schon genauso lange ein Leben mit vielen Mittelpunkten zu konstruieren, trotz besseren Wissens. Die Versuchung ist einfach zu groß. Sonntags bekenne ich im Gottesdienst, dass ich an Gott glaube, den Allmächtigen, den Schöpfer des Himmels und der Erde ..., denn so heißt es im Glaubensbekenntnis unserer Kirche. Und meint damit den, der keine anderen Götter neben sich haben möchte, wenn er sich schon als Mitte allen Lebens zeigt. Das bete ich aus tiefer Seele und meine es auch so; von anderen Göttern, anderen Mittelpunkten oder fremden Küchen halte ich mich aus Überzeugung fern. Nichts käme mir weniger in den Sinn als der Tanz um ein goldenes Kalb, dem Inbegriff der Gottferne. „Du sollst keine anderen Götter neben mir haben" scheint ein Gebot zu sein, das sich zur Abwechslung mal unkompliziert darstellt, vorausgesetzt natürlich, dass du dich dem christlichen Glauben verbunden fühlst. Hat man sich erst mal entschieden und entscheidet sich trotz aller Zweifel immer wieder neu, dürfte die Sache nicht weiter schwierig werden. Oder?

Vielleicht erinnerst du dich an diese alte Geschichte, in der das wankelmütige Volk Israel im Handumdrehen ein goldenes Kalb errichtete und mit viel Getöse drum herum tanzte, kaum, dass das Leben nicht ganz so rund lief, wie sie sich das vorgestellt hatten. Man kann über so viel Treulosigkeit den Kopf schütteln und gleichzeitig merken, wie sich unbequeme Erkenntnis zu Wort meldet. Nein, es steht kein goldenes Kalb in der Küche. Ich persönlich bin auch tatsächlich nicht scharf auf Gold, darauf, einen Porsche oder Lamborghini mein Eigen zu nennen, selbst eine Villa mit Pool und Meeresblick steht nicht auf meiner Agenda der zu verwirklichenden Träume, für die ich alles andere hintanstellen würde. Was landläufig als goldenes Kalb der Moderne angeführt wird, scheint mein Ding nicht zu sein, ich bin also wirklich fein raus. Oder eben auch nicht. Bei genauerer Betrachtung ist es auch für mich als gläubige Christin ein Kinderspiel, einen ganzen Stall von goldenen Kälbern zu halten, ich merke es unter Umständen nicht einmal.

Einige meiner Kälber brüllen laut um Aufmerksamkeit und erinnern von ihrer Größe an ausgewachsene Ochsen. In meinem Badezimmer etwa stehen Waage und Spiegel. Allein diese beiden an sich harmlosen Gegenstände haben ohne Weiteres das Zeug zum Kalb; ungezählte Seelen buhlen um ihre Gunst. Meine auch. Wie viele Stunden, ja, Wochen und Monate meines Lebens drehte sich mein Denken, mein Fühlen und Handeln zum großen Teil um die Zahl, die diese Waage anzeigte, um Hosengrößen und die Form der Oberschenkel, um Scham und Hunger. Es ist ein äußerst schmaler Grat zwischen notwendiger und liebevoller Selbstfürsorge und dem anstrengenden und ungesunden Kreisen in negativen Gedankenspiralen aus Selbstbeschimpfung und Selbstkasteiung. Seit ich ein ganz junges Mädchen war, bin ich immer wieder in den Dunstkreis dieses Kalbes geraten, und es ist beileibe kein Heil bringendes Beisammensein. „Alles wird gut, wenn du nur erst schlanker wirst, aller Schmerz wird verschwinden, wenn die Kilos verschwinden, warte nur ab, dann wirst du wertvoll und strahlend und liebenswert sein!“, singt dir das Kalb ins Ohr, während du im Takt dieser unheilvollen Worte um es herumtanzt. Umgehend vergesse ich dann alle guten Zusagen eines liebenden Gottes, das Wissen um das Wunderwerk Körper und das Geschenk des Lebens, während ich im Nebel aus Idealmaßen, Körperindexen, Ernährungsplänen und besten Versionen meiner Selbst um das Kalb springe und dabei immer atemloser, unzufriedener und beschämter werde. Es gibt auch heroische Momente und erhebende Feierlichkeit, wenn die Kontrollmechanismen wirken, die Hose lockerer sitzt und ich mein Leben und Käsebrote endlich fest im Griff habe. Das ist der verführerische goldene Glanz, bestehend aus Kontrolle und Hosengröße 36. Der harte Griff fordert absolute Aufmerksamkeit, sonst lockert er sich, und unversehens fällst du in das tiefe Loch des Versagens und der Scham. Dieses Kalb lässt sich glitzernde Kathedralen bauen, in unzähligen Zeitschriften und Instagram-Accounts, in Filmen und gefilterten Bildern. Du fütterst es, indem du hungerst und dich möglichst viel mit dir selbst und deinem Körper beschäftigst. Du huldigst ihm, indem du deinen Körper bewertest, mit anderen vergleichst und zu optimieren suchst. Das Kalb tarnt sich gerne unter einem Umhang aus Gesundheit und Selbstfürsorge. Beides sind sehr erstrebenswerte und wertzuschätzende Aspekte des eigenverantwortlichen Lebens. Aber wenn sich unter dem Mäntelchen nur Eitelkeit und Selbstoptimierungswahn verstecken, ist es völlig wertlos und eine einzige Mogelpackung. Stell dir mal vor, was die Welt mit all der Energie, die Menschen beim aussichtslosen und unfreundlichen Tanz um diese unheilvolle Mitte verbrauchen, an Gutem anstellen könnte? All die Zeit, all die Stunden, all das Geld stünde zur Verfügung für ein freundlicheres Miteinander, für die Dinge, die dich und mich wirklich erfüllen und froh machen, für das gute Leben, zu dem wir gerufen sind! Ich kenne dieses Kalb im Stall meines Lebens und ich versuche mit aller Kraft, meine Kinder von ihm fernzuhalten, sein lockendes Muhen zu überhören und es nicht länger mit meiner Lebensfreude zu füttern. Sein Locken

*Genau dann, wenn Wahrheitsansprüche auf den Thron gehoben werden und Menschen dafür verstoßen, begrüßen die anderen Kälber mit fröhlichem Muhen ihren neuen, goldenen Gefährten.*

wird leiser, es ist eine Frage der Übung, aber im Stall wohnen bleibt es trotzdem, das alte Mistvieh.

„Puh", denkst du vielleicht, „nicht mein Stall, nicht mein Kalb, dem Himmel sei Dank!" Doch das goldene Kalb hat jede Menge Geschwister. Eines davon bringt dich zum Tanzen, indem du deine Seele, deine Tugenden, dein Streben und Leben immer weiter optimieren willst. Immer mehr kreist du darum, das Beste aus dir herauszuholen, noch mehr Spiritualität, noch mehr Dienste, noch mehr Dienen. Ein anderes lässt dich ringen um jedes Herzchen auf Instagram, um jeden guten Kommentar, jeden erhobenen Daumen. Dein Wert hängt ab von Klickzahlen und Bewertungen, von der Aufmerksamkeit dir völlig fremder Menschen und wie oft dein Beitrag geteilt wurde. Es gibt nicht wenige Menschen, die das den Nachtschlaf kostet, den Selbstwert und die gute Laune gleich dazu. Die Gedanken und alle Mühen drehen sich um ein Mehr von allem, ein Mehr an Anerkennung, ein Mehr an Bekanntheit, ein vermeintliches Mehr an Wert. Ein richtig fettes Kalb kann auch deine Arbeit und dein Sorgen für andere werden, der Glaube an die eigene Unentbehrlichkeit, das Unterordnen aller anderen Bedürfnisse unter den Anspruch, alles zu geben. Wie oft habe ich mir meinen Fleiß und meine Erschöpfung, das Ignorieren aller persönlicher Grenzen schon wie eine goldene Nadel der überlegenen Unersetzlichkeit ans Revers geheftet. Nicht selten sitzt auf dem Thron der Anbetung ein an sich vernünftiger und grundlegend anständiger Wert, der Schutz des Klimas zum Beispiel, gesunde Ernährung oder das Wohl der Tiere. Plötzlich verselbständigt sich etwas. Der arme Wert, der zu Recht dringend nach Verwirklichung und vernünftiger Umsetzung ruft, wird aufgebläht und immer größer und größer. Wie im Rausch tanzen Menschen drumherum und vergessen dabei Menschenrechte und den guten Umgang miteinander, Meinungsfreiheit und die Unerlässlichkeit von Diskurs.

Es scheint in der Natur des Menschen zu liegen, dass er aus allen Themen des Lebens, seien sie noch so gut, richtig und wichtig, ohne weitere Mühe ein goldenes Kalb gießen kann. Das passiert immer dann, wenn ich eine Idee, einen Gedanken, einen Bereich meines Lebens verabsolutiere, Scheuklappen aufsetze, jeden und alles andere unterordne oder gleich ganz verscheuche. Andere Meinungen, andere Sichtweisen, andere Lebensentwürfe und andere Argumente? Bloß weg damit, keiner möge sich zwischen mein Kalb und mich stellen! Immer wieder geschieht das sogar im Namen Gottes, im Namen seiner Wahrheit, die manch einer ganz genau zu kennen glaubt, bis in letzte Detailfragen sogar. Ehe man sich's versieht, sitzen diese Detailfragen vergoldet auf dem Thron, als sei der Glaube nicht immer ein einziges Herantasten, ein Ahnen und Sehnen und Hoffen und Vertrauen. Genau dann, wenn Wahrheitsansprüche auf den Thron gehoben werden und Menschen dafür verstoßen, begrüßen die anderen Kälber mit fröhlichem Muhen ihren neuen, goldenen Gefährten. Dann ist nicht Gott das Zentrum, sondern ein eisernes Regelwerk aus Geboten und Vorschriften, wehe dem, der sich nicht daran halten will oder kann. Diese allzu menschliche Denkweise lässt unzählige goldene Kälber entstehen, die um Anbetung und Aufmerksamkeit buhlen. Sie bringen mich aus dem Gleichgewicht und stören meine Umlaufbahn, weil

***Immer wieder spüre ich, wie unfassbar schmal der Grat zwischen Leidenschaft und Leiden schaffen, zwischen Eifer und eifern ist. Was eben noch eine gute Idee, ein wertvoller Gedanke, ein lohnender Einsatz war, kann sich im nächsten Moment schon wichtigtuerisch aufplustern.***

sie sich gekonnt zwischen mich und meinen Fixstern drängeln. Immer wieder spüre ich, wie unfassbar schmal der Grat zwischen Leidenschaft und Leiden schaffen, zwischen Eifer und eifern ist. Was eben noch eine gute Idee, ein wertvoller Gedanke, ein lohnender Einsatz war, kann sich im nächsten Moment schon wichtigtuerisch aufplustern. Bis es so groß ist, dass sein goldenes Glitzern Sicht und Verstand zu staubt. Nicht immer gelingt es mir gleich, ein paar Schritte vom Kalb zurückzutreten, auf Abstand zu gehen und mich neu auszurichten.

Wollte ich diesem Gedränge aus goldenen Kälbern aus dem Weg gehen und das Angebot Gottes, meine einzige Mitte zu sein, ohne Ablenkung annehmen, bliebe mir wohl nur der Gang hinter Klostermauern. Es müsste ein ausgesprochen kleines Kloster sein, bestehend aus mir, sehr hohen Mauern und sonst absolut niemandem. Nun möchte ich aber gar nicht allein hinter Klostermauern leben, sondern jeden Tag in einer warmen Küche stehen, die bevölkert ist mit Menschen und Meinungen und dem bunten Leben, das von draußen hereinströmt. Ich möchte selbst Teil dieses bunten Lebens sein, mit all seinen Licht- und Schattenseiten, denn es ist doch ein großes Geschenk, ein Menschenkind unter Menschenkindern zu sein. Wir sind doch in die Welt gestellt worden, damit wir sie miteinander gestalten, füreinander sorgen und für alles Leben, das uns anvertraut wurde. Und solange ich mit meinem so menschlichen Herzen unter Menschen lebe, werde ich immer wieder dem Rufen der gut getarnten Kälber erliegen, die Versuchung ist einfach zu groß. So oft erkenne ich sie nicht, folge ich dem vermeintlich Guten, Richtigen und Schönen und erfreue mich an meiner eigenen Rechtschaffenheit. Es dauert mitunter eine ganze Weile, bis ich feststelle, dass ich im Stall und nicht in der Küche stehe, dass ich in die Irre gelaufen bin, schon wieder, dass die Welt viel komplexer gestrickt ist als simpel in schwarz-weiß. Nein, ich möchte keine anderen Götter neben dir haben, lieber Gott, aber sie tauchen ungebeten in meinem Leben auf, wie Besuch, den man nicht eingeladen hat und der trotzdem bleibt.

Vor einigen Jahren überreichte ein sehr alter Opa seinem sehr jungen Enkelsohn ein Geburtstagsgeschenk. Der Opa konnte schon damals nicht mehr einkaufen gehen und war deshalb im eigenen Hause auf die Suche nach einem passenden Präsent gegangen. Unser Sohn feierte seinen neunten Geburtstag und wickelte sein Päckchen aus. Ratlos starrte er das fleckig, speckige Lederkästchen und den seltsamen Gegenstand darin an. „Das ist ein Kompass!", erklärte der Opa. „Den habe ich als kleiner Junge geschenkt bekommen!" Ehrfürchtig nahm unser Junge das alte Gerät in die Hand und rechnete kurz. Das Ding musste gut achtzig Jahre auf der Nadel haben, wenn es schon der Kinderausgabe des Opas gehört hatte. Er ließ sich erklären, wie ein Kompass funktioniert, tadellos nämlich, auch nach fast einem Jahrhundert. Als er schließlich Sextaner wurde, bekam er Opas alten Zirkelkasten. Den hatte dieser nämlich als frischgebackener Sextaner bekommen und auch er funktioniert noch einwandfrei. Beide so altmodisch anmutenden Gegenstände werden ehrfürchtig in einer eigenen Schublade des modernen Schwedenschreibtisches verwahrt. In den letzten Jahren habe ich bestimmt zehn neue Zirkelkästen für alle Schulkinder im Hause gekauft, beim Drogeriemarkt um die Ecke, keine zehn Euro kostet einer, geht dafür aber schnell kaputt oder verloren, Nachhaltigkeit kannst du von deinem Großvater lernen.

Kompasse habe ich noch keine neu gekauft, weil man sie im Alltags- und Schulleben gemeinhin nicht mehr braucht, nicht seit Google Maps und Smartphones zusammen in jeder Tasche liegen. Schade eigentlich. Auch wenn wir uns unsere Wege heute nicht mehr mühselig erfragen und suchen müssen, sollte man sich vielleicht einen Kompass auf den Küchentresen legen, nur für alle Fälle. Er würde mich daran erinnern, nicht in fünf Töpfen gleichzeitig zu rühren. Neben die Tastatur meines Computers, wenn ich mir gar zu sicher bin, welche Meinung ich da gleich hineintippen werde. Auf den Nachttisch, falls in der Nacht die Gedanken kreisend herumzuirren beginnen. In die Handtasche, damit ich beim Hasten und Wichtigsein die Wunder am Wegesrand nicht übersehe. Vielleicht braucht es einen Kompass in der Hand, eine sanfte Mahnung, sich immer wieder nach der rechten Richtung zu orientieren. Pass auf, hier geht es lang, pass auf, wo du hintrittst, pass auf und verliere deine Mitte nicht. Immer dann, wenn sich mir all die goldenen Kälber in den Weg stellen und mir die Sicht verstellen. Ich verliere mich beständig in einem Meer an Möglichkeiten, Meinungen, Optionen und Angeboten. Sie rufen und brüllen um Aufmerksamkeit, verheißen ein noch besseres Leben, gaukeln Wahrheiten vor und simple Lösungen für alle Lebensfragen. Die Welt auszublenden, sich aller Meinung enthalten, das Leben eines Einsiedlerkrebses zu wählen, ist keine Option. Was ich brauche, ist ein Fixstern, die Kompassnadel meines Lebens, das Einstichloch einer Zirkelspitze. Wenn es mir einfällt, auf diese Nadel zu schauen, dann richtet sie mich neu aus, zeigt mir den Weg und das Ziel. Die Ablenkungen bleiben, das Meer an Möglichkeiten, das volle Leben mit all seinen Herausforderungen, den schönen und den schwierigen, den Irrungen und Wirrungen, doch wenn Gott mein Fixstern ist, meine Mitte, die Nadel an meinem Kompass, dann kann ich mich immer wieder auf Kurs bringen. Als Steuerfrau meines eigenen kleinen Schiffes kann es mir schon mal passieren, dass ich versehentlich in die falsche Richtung segle. Nur den Kompass darf ich nicht über Bord werfen, das wäre wirklich dämlich. Die Nadel dieses Kompasses richtet die Menschheit aus, zuverlässig und beständig. Sie funktioniert tadellos, seit Anbeginn der Zeiten schon, ganz wie Opas alter Kompass. Zu oft legen wir sie in die Schubladen unseres Lebens und vergessen, sie auch zu benutzen. Und dann wundern wir uns, warum wir lieber mit den Kälbern tanzen.

Ich glaube, Gott will mein Leitstern sein, mein hell erleuchtetes Küchenfenster, das mir den Weg nach Hause weist, das Herz meines Seins, dessen sanftes Schlagen mir den Rhythmus meines Lebens vorgibt. Eine Kompassnadel in der Unübersichtlichkeit des Lebens. An ihm soll ich mich immer wieder neu orientieren, wenn ich mich auf der Suche nach den richtigen Lebenswegen verirrt habe. Wenn ich ratlos bin, hilflos im Gewirr aus Meinungen und richtigen Überzeugungen. Wenn mir die Dunkelheit zum Fürchten erscheint. Wenn ich tiefe Leere und einen Hunger verspüre, den Brot allein nicht zu stillen vermag. Dann soll ich nicht müde werden, seinen Blick zu suchen, sein Leuchten, und hören, was er mir ins Herz flüstert: „Tritt zurück vom Kalb und richte deinen Blick neu aus! Und dann komm und setz dich ein Weilchen zu mir in die Küche, damit wir reden können."

„Du sollst keine anderen Götter neben mir haben!", ist immer wieder eine freundliche Erinnerung daran, wie gut der Himmel seine Kinder kennt, wie genau er weiß, dass sie sich leicht ablenken lassen. Wie verlockend der Gedanke ist, mit mehreren Herzen, mehreren Fixsternen gleichzeitig zu leben, an drei Küchentischen zur selben Zeit Platz zu nehmen. Wie oft sie sich selbst verlieren. Es ist keine Drohung, sondern eine liebevolle Zuwendung: Hör auf, dich selbst zu versklaven, indem du absolut setzt, was dich unfrei macht. Lass dich von keinem Kalb beherrschen und sei es noch so gut getarnt unter Wichtigkeit und Richtigkeit. Richte dich immer und immer wieder neu an mir aus, dann wirst du frei sein. Dann kannst du dich immer und immer wieder aus der Knechtschaft befreien, in die du dich selbst hineinmanövriert hast. Hin und wieder musst du in den Stall gehen und kräftig ausmisten. Ein paar goldene Kälber hinausjagen, die da einfach nicht hingehören, die all deine Aufmerksamkeit auffressen und dir mit ihrem Blöken falsche Wahrheiten ins Ohr muhen. Goldene Kälber verheißen niemals wahrhaftige Lebendigkeit, sie sind nicht echt, daran kannst du sie erkennen. Das ist eine mühselige Angelegenheit, lebenslänglich noch dazu, vor allem, weil es leider keine professionellen Kälber-Enthüller gibt. Die Kälber in unserem Leben müssen wir selbst finden und in ihre Grenzen weisen. Entkommen kannst du ihnen nicht. Nicht, wenn du als Mensch unter Menschen lebst, wenn du Teil des schönen, prallen Lebens bist, wenn du deine Kreise ziehst durch die Jahre deines Lebens.

*Goldene Kälber verheißen niemals wahrhaftige Lebendigkeit, sie sind nicht echt, daran kannst du sie erkennen. Das ist eine mühselige Angelegenheit, lebenslänglich noch dazu, vor allem, weil es leider keine professionellen Kälber-Enthüller gibt.*

Bald wird es in unserem Haus eine neue Küche geben, ach ich kann es kaum erwarten. Sie ersetzt die alten Möbel, aber keineswegs die alten Werte, alles, was uns im Innersten trägt und hält. Sie wird ihnen nur einen neuen Raum geben. Mit Platz für eine Schüssel Teig, der noch ein Weilchen schlafen muss, und Schokolade im Schrank, für alle Fälle, oder ein paar Keksen, wenn du eine Stärkung brauchst. Wir werden Nahrung zubereiten, Geschirr abwaschen und Gedanken tauschen. Sie wird das Herz unseres Hauses, die Mitte unseres Lebens sein, weil wir genau das brauchen. Eine Mitte, ein Herz, ein Zentrum. Ein Ort, an dem wir uns immer sicher sein können, dass da ein Platz für uns freigehalten wird, ganz lebenspraktisch und aufs große Ganze gesehen.

Welches ist dein Ort, dein Platz, deine „Küche"? Wo kannst du im Heute bereits einen kleinen Blick in die Ewigkeit werfen, dorthin, wo du immer schon geliebt und immer schon gewollt bist? Wo schlägt das Herz deines Lebens, wo fühlst du, dass Gott allein deine Mitte sein will? Es sind diese Orte und Räume, die uns nicht vergessen lassen, um wen unser Leben kreisen sollte, damit es in der Bahn bleibt.

## 6. Zwischen Vergebung und Vergeltung

Vor einigen Jahren kaufte ich mir eine wunderhübsche neue Butterdose einer Porzellanmarke, die ich sehr mag. Ganz verliebt war ich in diesen alltäglichen kleinen Gegenstand, dessen einzige Aufgabe darin bestand, die Butter zu verwahren und mich zu erfreuen. Rot war die Dose und weiße Punkte sprenkelten den Deckel. Sie passte ganz hervorragend zu den Tellern und Tassen, die ich mir über die Jahre und Festanlässe mühselig zusammengesammelt hatte. Es sind genau diese kleinen Winzigkeiten, die das Leben netter machen, die mit jedem schnöden Abendessen oder Frühstück ein Lächeln ins Gesicht zaubern, die mich daran erinnern, wie hübsch das Leben dann und wann sein kann. Ja, manchmal reicht dafür eine Butterdose. Wie außerordentlich freundlich von mir, ab und an nett an mich zu denken und mich zu beschenken! Normalerweise hänge ich mein Herz nicht leichtfertig an Dinge, ich besitze weder Vieles noch Wertvolles, zumindest nichts Gegenständliches. Aber eine Teetasse oder eine Butterdose können mich froh machen. Weil ich nun mal nicht allein lebe, mache ich keinen Hehl daraus, wie wichtig mir diese Gegenstände sind: Ich warne vor Fußballspielen im Haus und wilden Keilereien in der Nähe von gedeckten Tischen. Einer hängenden Schallplatte gleich werde ich nicht müde, meine Familie darauf hinzuweisen, wie zerbrechlich manche Dinge sind und wie wenig es schadet, wenn man manche Wege mehrmals geht, anstatt aufgetürmte Geschirrstapel waghalsig in Richtung Geschirrspüler zu balancieren. Viel Erfolg habe ich mit Litaneien dieser Art nicht, auch wenn selbstverständlich alle deren Sinnhaftigkeit begreifen. Aber dann kommt einem die Eile dazwischen, Unliebsames schnell hinter sich zu bringen, die unwiderstehliche Lust einen Fußball zu treten – er ist ja nur aus Stoff – oder eine kleine geschwisterliche Rangelei, und schon passiert, was keiner wollte. Ich kann dir nicht mehr genau sagen, wie lange meine kleine Butterdosenglückseligkeit andauerte, aber allzu lange wohl nicht. Eines schönen Abends kniete ich auf dem Küchenboden und kehrte die Scherben der Glückseligkeit zusammen. Im Eifer des abendlichen Tischabräumgefechts waren zwei Buben außer Rand und Band und dabei aneinandergeraten. Sie blieben heile, die Dose nicht. Erst klirrte es unheilvoll auf dem harten Fliesenboden, dann hallte eine noch unheilvollere Stille durch den Raum. Zwei zerknirschte Tischabräumer hatten alle wilde Ausgelassenheit eingebüßt und standen schreckensstarr vor den gepunkteten Resten einer Butterdose. Erst blieb mir die Spucke weg, dann stiegen mir unwillkürlich ein paar Tränen in die Augen, ich hatte die alberne Dose wirklich gerne gehabt. Sie war doch viel mehr gewesen als nur ein Aufbewahrungsort für Butter. Vor mir standen meine beiden Jungs, kleinlaut und bedröppelt. Einer streckte die Hand aus und streichelte zaghaft meinen Arm. „Entschuldigung Mama, entschuldige bitte!“ In meinem Herzen fochten Zorn, Traurigkeit und Mitgefühl einen kleinen, aber heftigen Kampf, doch dann war es gut. Ich

***Man kann also getrost behaupten, dass ich nicht nur im Fegen, sondern auch im Vergeben wirklich geübt bin. Es ist nichts anderes als Vergebung für Anfänger.***

nahm die beiden Missetäter in die Arme, wir trösteten uns ein Weilchen, und dann vergab ich von Herzen das Missgeschick und das traurige Schicksal einer Butterdose. Schließlich gingen wir den Handfeger suchen und ließen es gut sein.

Ich habe im Laufe der Jahre schon die Scherben von gleich mehreren Lieblingstassen aufgekehrt, von diversen handbemalten Müslischalen, Blumenvasen und genau jenen Tellern, die ich so mühselig gesammelt hatte. Man kann also getrost behaupten, dass ich nicht nur im Fegen, sondern auch im Vergeben wirklich geübt bin. Es ist nichts anderes als Vergebung für Anfänger. Auf diese Weise ist Vergeben eine meiner leichtesten Fingerübungen: Großzügig und mühelos verschenke ich Gnade Tag um Tag. Ich kann aus tiefer Seele sagen: „Alles gut, ich bin nicht mehr böse auf dich und ich trage auch nicht nach. Vergeben und vergessen!" Und dann ist es auch so. Diese Form der Vergebung darf ich Tag für Tag immer neu einüben, denn Tag für Tag gibt es unzählige Gelegenheiten dafür. Ich vergebe Missgeschicke und Unachtsamkeiten, kleine Lügen und große Ausreden, rotzige Antworten und verschlampte Mützen. Ich schenke Gnade den Zuspätkommenden, den Drückebergern und den schlecht Gelaunten. Ich verzeihe kleine Nachlässigkeiten, unaufgeräumte Zimmer, einen nicht geleerten Mülleimer und das Loch in der neuen Hose. Ich bitte um Vergebung für Ungeduld und harte Worte, für manche Ungerechtigkeit, vorschnelle Urteile und den vergessenen Termin beim Kieferorthopäden. Ehe, Familie, überhaupt jedwede Art von Beziehungen sind ein hervorragendes Übungsfeld für einen der Grundpfeiler christlichen Lebens: der Vergebung.

„Vergib deinem Nächsten" gehört nicht zu den Geboten, die auf den Steintafeln des Mose Platz gefunden haben, und doch gibt es kaum einen Werte- und Glaubensgrundsatz, der so nachhaltig von Bedeutung ist wie dieser. Jesus selbst hat ihn mit in diese Welt, in sein Lehren, sein Beten und Handeln gebracht. „... und vergib uns unsere Schuld, wie auch wir vergeben unseren Schuldigern", so beten wir im Vaterunser, diesem Gebet, von dem Jesus sagt, dass es alles enthielte, was wir an Gebet benötigen. Er wurde nicht müde, Vergebung zu predigen, es war ihm wirklich ernst damit. Wie oft noch gleich?

„Siebzigmal siebenmal!" – „Vergebt einander, dann wird euch vergeben" – all diese Jesusworte zeigen, wie dringend nötig die Menschen sie hatten, welch hohe Bedeutung ihnen beikommt und wie schwer es ihnen fiel, das Gehörte zu begreifen und einzusehen. Vergebung als Weg zum Heil, als Weg mit Jesus, als neuen Weg des Miteinanders. Bis dahin waren Rache, Vergeltung und nachtragende Verbitterung immer viel naheliegender gewesen. Ehrlicherweise scheinen sie auch heute in vielen Lebenslagen die ersten Antworten zu sein, die einem menschlichen Herzen einfallen. Zumindest dann, wenn es sich nicht um Butterdosen, faule Ausreden und verlorene Mützen handelt, sondern um wirkliche Kränkungen und Verletzungen. Jesus kannte sich sehr gut aus mit den irdischen Begrenzungen menschlicher Herzen und ihren vorschnellen Antworten auf zugefügtes Leid und Kränkungen. Wir alle müssen innerhalb dieser Begrenzungen leben und uns zurechtfinden, wir scheitern beständig und fügen anderen Unrecht und Leid zu, verletzen Menschenseelen, oft ohne böse Absicht. Ich bin eine Bedürftige, angewiesen auf die Kraft der Gnade und der Vergebung, wegen all der Wunden, all dem Schmerz und dem Kummer, den ich bei anderen verursache in all den großen und kleinen Scharmützeln, Konflikten und Lieblosigkeiten, die das Leben so mit sich bringt. Ich hoffe auf die Vergebung des Himmels und seine Heil bringende Gnade, wir alle brauchen sie so dringend. In dem Maße, wie wir selbst auf Gnade und Vergebung hoffen, sollen wir sie einander schenken, selbst den Weg des Verzeihens und der Versöhnung suchen und wagen. Das ist ein ausgesprochen großartiger Gedanke, menschenfreundlich und lebensnotwendig, schließlich müssen wir hier auf Erden gut miteinander auskommen. Die Möglichkeiten, schuldig zu werden, sind gigantisch und nahezu unbegrenzt. Sie reichen von wirklicher Bösartigkeit und Abart bis hinunter in die Niederungen von Boshaftigkeit und beißender Ironie, Lieblosigkeit und Lästerei. Solange wir unser Leben hier auf Erden leben, werden wir schuldig an unserem Nächsten, sei es mit Absicht oder versehentlich, aus schierer Unwissenheit oder billigend in Kauf nehmend. Unsere Nächsten werden schuldig an uns, auch das können wir nicht verhindern, und so sieht sich dein Herz nahezu jeden Tag konfrontiert mit kleinen und großen Kränkungen, mit echten Wunden, Rissen und Kratzern, hervorgerufen durch Ungerechtigkeiten, harte Worte und fehlender Umsicht. Wenn wir trotzdem gut miteinander leben wollen, dann müssen wir immer wieder um Verzeihung bitten. Und wir müssen selbst verzeihen.

**Ich bin eine Bedürftige, angewiesen auf die Kraft der Gnade und der Vergebung, wegen all der Wunden, all dem Schmerz und dem Kummer, den ich bei anderen verursache in all den großen und kleinen Scharmützeln, Konflikten und Lieblosigkeiten, die das Leben so mit sich bringt. Ich hoffe auf die Vergebung des Himmels und seine Heil bringende Gnade, wir alle brauchen sie so dringend.**

Ich bin eine überzeugte Vergeberin, kaum etwas erscheint mir so sinnhaft, so notwendig und so unumgänglich. Kaum etwas ist so schwierig umzusetzen. Denn leider belassen es der Mensch und das Leben nicht bei Schuld, die nur Vergebungsübungen für Anfänger erforderlich macht. Vergeben und Verzeihen kann zu den größten Herausforderungen des Daseins gehören, zum größten Hindernis, zum schweren Ballast. Vielleicht hast du selbst erfahren, wie Menschen an dir schuldig wurden. Es scheint mir so, als hätten wirklich viele von uns tiefgreifende Erfahrungen mit Verletzungen aller Arten. Mit Gewalt in Worten und Taten, mit seelischen Grausamkeiten, tiefen Kränkungen, Betrug und Verrat. Solche Erfahrungen gestalten die Landschaft einer Seele nachhaltig um, hinterlassen tiefgreifende Spuren, die nicht mit einer Umarmung und einem Händedruck wieder verschwinden. Mit Faszination lese ich immer wieder, wie Menschen, denen wahrhaft großes Leid zugefügt wurde, ihren Peinigern verzeihen. Eltern, die den Mördern ihrer Kinder vergeben, Missbrauchsopfer, die ihren Leidensbringern verzeihen und für die dieser Weg ein lebenswichtiger Prozess der Heilung und der Befreiung ist. Opfer, die ihrem Täter Gnade schenken und damit für den Moment die Enge alles Irdischen sprengen. Geschlagene und Getriebene, Menschen, die durch die große Schuld anderer alles verloren haben und die es trotzdem vermögen, Frieden zu schließen. Solche Geschichten flößen mir tiefen Respekt und Ehrfurcht ein, denn sie zeigen, wie weit sich ein Herz aufdehnen kann und was möglich ist, wenn Liebe und Gnade und nicht Rache und Vergeltung das letzte Wort haben. Es sind diese Menschen, die die viel beschworenen menschlichen Grenzen auflösen und das Licht des Himmels durchscheinen lassen. Sie flößen mir Ehrfurcht und Respekt ein, weil ich so sehr überzeugt bin, dass ihr Weg der einzig richtige ist. Der Weg, den uns Jesus aufgezeigt hat, aber auch der, auf dem ich selbst immer und immer wieder strauchle.

Nun, keiner meiner nächsten Angehörigen wurde je ermordet, meine Kinder liegen abends sicher in ihren Betten und ich wurde auch nie Opfer von körperlichem Missbrauch. Das sind wirklich Dimensionen von Schuld, die mir das Leben bis hierher erspart hat und ich kann nur erahnen, wie schwer der Umgang damit sein muss. Aber Leid und Unrecht beginnt nicht erst bei Vergewaltigung und Mord. Auch ich musste einschlägige Erfahrungen mit körperlicher Gewalt und seelischen Grausamkeiten sammeln, vor allem in den ersten 25 Jahren meines Lebens, sie sind eingewoben in die Geschichte meines Herzens, haben mich geprägt und geformt, sichtbar und fühlbar bis heute. Ich spaziere schon so lange damit durchs Leben, habe so vieles reflektiert und durchdacht und konnte mich tatsächlich von vielen Umständen befreien. Eines habe ich in der Auseinandersetzung mit der eigenen Kindheits- und Lebensgeschichte gelernt: Es gibt in der Regel nie Schwarz und Weiß, aber unendlich viele Grautöne. Schuldfragen sind nur sehr selten eindeutig zu klären, haben viele Ursprünge, Motivationen und tragische Wendungen. Manchmal macht das Leben selbst die Menschen hart und bitter, sodass sie hart und bitter austeilen müssen. Manche haben selbst Gewalt und Vernachlässigung erfahren, manche Umstände sind einfach zum Heulen und Davonlaufen, überkommene Erziehungsmuster prägen immer weiter Generationen, die wenigsten Lebensläufe sind gerade und ohne tiefe Abgründe. In wie vielen Familien, Freundschaften und Beziehungen sind Kränkungen, Verletzungen und empfundenes Unrecht Teil der gemeinsamen Geschichte? Wie oft stellen Menschen fest, dass sie nach bestem Wissen und Gewissen gehandelt und doch heilloses Chaos angerichtet haben? Ich vermute, du musst dich nur umdrehen und schon stellst du fest: nahezu jeder. Wir tun also gut daran, zu vergeben und Frieden zu schließen mit unseren

Umständen, unseren Leidensbringern, dem Unrecht, das uns zugefügt wurde.

Je mehr ich verstehe, warum Menschen handelten, wie sie handelten und es bis heute tun, desto mehr begreife ich, wie überlebenswichtig die Vergebung für alle ist, für unsere Seelen und die Seelen unserer Kinder und für den Frieden in der Welt. Irgendwann ist es Zeit, erwachsen zu werden, Verantwortung zu übernehmen für das eigene Tun und die eigene Lebensgestaltung. Ich bin mir sicher, dass das Vergeben von Versagen und Versäumnissen ein wichtiger Bestandteil des mündigen Lebens ist. Es wäre unfair, die Schuld für jeden Misston, für alles, was mir nicht gelingt und alles, was mir im Leben verwehrt bleibt, bei anderen zu suchen und in dem, was mir angetan wurde. Weil jeder irgendjemandem etwas zu vergeben hat. Und selbst wenn ein Unrecht ganz zweifellos ein furchtbares Unrecht war, wenn du der Bösartigkeit in ihr hässliches Angesicht starren musstest, wenn es keine Erklärung gibt, keine Entschuldigung, kein Begreifen und Verstehen, so ist es doch deine Seele, die unfrei bleibt, die immer weiter Schaden nimmt. Wenn sich zum Schmerz der Hass gesellt, wenn Verzeihen keine Option ist, dann hat das Böse Macht über dein Herz. Gerade weil das Leben oft alles andere als gnädig mit uns umspringt, müssen wir uns immer weiter in Gnade üben.

*Es wäre unfair, die Schuld für jeden Misston, für alles, was mir nicht gelingt und alles, was mir im Leben verwehrt bleibt, bei anderen zu suchen und in dem, was mir angetan wurde. Weil jeder irgendjemandem etwas zu vergeben hat.*

Ich übe mich täglich im Vergeben, entscheide mich immer wieder dafür, es gut sein zu lassen, mich freizumachen von nachtragenden Gedanken, Zorn, Wut und Schmerz, gerade weil mir nichts mehr einleuchtet als die Kraft der Gnade in meinem kleinen Menschenleben und im Leben aller Menschen. Und ich scheitere immer wieder. Es ist ein Scheitern, das tief in meiner Seele sitzt, und auf das ich keinen direkten Zugriff habe. Es scheint mir, als gebe es Räume des Herzens, über deren Inhalte keine Glaubensüberzeugung der Welt verfügen kann. Ich kann mein Herz nicht zur Liebe zwingen und ebenso wenig zu ehrlicher, tiefer Vergebung. Wie oft habe ich alte Lasten der Vergangenheit schon bewusst verziehen, losgelassen und mich für die Gnade entschieden ... Allein, es gelingt mir nicht. Manchmal sind es Orte, die ich nach langer Zeit besuche, manche Erinnerungstage, Feiertage, ein Telefonat, alte Sätze. Dann taucht unvermittelt der Schmerz längst vergangener Zeiten wieder auf, bekomme ich die merkwürdigsten körperlichen Symptome, das Herz stolpert und die Nerven schmerzen. Die Migräne fängt an zu pochen, als wolle sie mich energisch daran erinnern, dass da etwas nie in Ordnung kommen wird. Sosehr ich auch zur Vergebung entschlossen bin, so scheint dieser Entschluss niemals in den Tiefen meines Unterbewusstseins anzukommen. Das ist in mehrfacher Hinsicht vertrackt. Offensichtlich kann ich nicht gut sein lassen, was ich gut sein lassen möchte. Das wird immer dann schwierig, wenn ich Orte besuchen und Feiertage feiern will. Vor allem aber kann ich meiner tiefen Sehnsucht, Vergebung zu schenken, den Menschen und dem Leben, nicht nachkommen, sosehr ich es auch versuche. Ich möchte dem Beispiel Jesu folgen, der letztlich genau zwei Dinge für ein gelingendes Leben, für gesunde Beziehungen miteinander und mit Gott

***Stell dir nur vor, wie diese Welt aussehen würde, wären Liebe und Gnade unser aller Weg, unser aller Ziel, würde es uns nur wahrhaftig gelingen!***

einfordert: Liebe und Vergebung. Ach, wie gerne möchte ich diesen eindringlichen Worten, diesem drängenden Ansinnen Jesu nachgehen, für den Frieden in meinem Herzen, Frieden in meiner kleinen Welt, Frieden für alles, was kommen mag, hier auf Erden und in der Ewigkeit. Stell dir nur vor, wie diese Welt aussehen würde, wären Liebe und Gnade unser aller Weg, unser aller Ziel, würde es uns nur wahrhaftig gelingen! Aber so ist es nicht, noch nicht mal bei mir und all jenen, die wirklich wild entschlossen sind. Natürlich weiß ich, dass Vergeben nicht mit Vergessen gleichzusetzen ist, aber es sollte doch wenigstens ein „Lass es gut sein!“ beinhalten. Warum kann man einige Dinge und Umstände leichten Herzens und aufrichtig verzeihen, und andere bleiben, obwohl man kübelweise Gnade ausschüttet, damit die liebe Seele endlich Frieden finden möge? Denke ich an einen Streit zwischen Kindern, bei dem mit harten Worten nicht gegeizt wird und es ordentlich zur Sache geht, dann wundere ich mich schon, wie binnen Minuten die Luft wieder klar und rein werden kann. In den Kinderzimmern unseres Hauses wird mehrmals täglich Versöhnung gefeiert, es bedarf dafür kaum mehr als ein Grunzen und zwei, die sich eben noch erbittert stritten, sind gänzlich versöhnt und in Frieden miteinander. Was macht Fragen der Versöhnung und der Vergebung einerseits so leicht und auf der anderen Seite so unfassbar schwer?

An einem warmen Sommertag im letzten Jahr habe ich eine liebe Freundin in tiefer Seele verletzt, und zwar völlig unbeabsichtigt. Es war schiere Unachtsamkeit, die mich dazu brachte, und doch hallte die Wirkung lange nach. Es dauerte eine ganze Weile, bis ich überhaupt bemerkte, dass ich offenbar ein sehr gründliches und ein sehr schmerzhaftes Chaos angerichtet hatte. Mittlerweile glaube ich, dass das Ganze um ein Haar tatsächlich unschön ausgegangen wäre, indem schlicht eine langjährige Freundschaft ihr Ende gefunden hätte. Dem Himmel sei Dank brachten wir es fertig, uns auszusprechen, und ich bat aufrichtig um Verzeihung. Ein Fehler, der ohne Absicht begangen wurde, bleibt dennoch ein Fehler, da darf man sich für eine Entschuldigung nicht zu schade sein, auch nicht mit Mitte vierzig.

Von außen betrachtet habe ich mich keines schweren Vergehens schuldig gemacht. Keiner wurde ermordet, niemand geschlagen, noch nicht mal ein klein wenig diffamiert. Und doch hatte mein Handeln ein tief hallendes Echo. Mir wurde Vergebung geschenkt und doch spüre ich bis heute die Nachwirkungen. Die Kränkung sitzt bei meiner lieben Freundin tief und kann bei aller Entschlossenheit nur langsam heilen. Diese kleine Episode hat mich zwischenzeitlich sehr nachdenklich gemacht, nicht nur hinsichtlich der Zerbrechlichkeit von Freundschaft. Vielmehr hat sie mich einiges über das Verzeihen gelehrt. Gnade und Vergebung gewährt unser Herz nur sehr widerwillig oder womöglich gar nicht, wenn die Wunde, die uns zugefügt wurde, die Struktur unserer Seele nachhaltig verändert hat. Wenn das Unrecht, das uns geschah und geschieht, eingewoben ist in die Muster unserer Seelen, wenn es unsere Beziehungsgefüge verschiebt, wenn unser Menschsein tief geprägt wird. Wann immer das passiert, fällt Gnade schenken schwer, wird manchmal gar unmöglich. Harsche Worte abgefeuert in einem Kinderstreit, zerbrochene Butterdosen auf dem Fliesenboden, eine kleine Notlüge, ein vergessener Geburtstag – all diese kleinen Ärgernisse sind unschön, aber leicht verzeihlich. Sie verändern weder Beziehungen noch Leben langfristig, geschehen hundertfach jeden Tag, werden hundertfach vergeben, ich dir, du mir, wir einander.

Aber manche Fehler ändern die Architektur eines ganzen Lebens, einer Freundschaft, einer Liebe. Dabei lässt sich kaum feststellen, welche Verletzung wen kränkt. Was den einen gänzlich unberührt lässt, kommt für die andere einer Abrissbirne in der Seele gleich. Diese Veränderungen bleiben, hinterlassen Spuren, ganz offen oder tief verborgen. Auch wenn die Wunden heilen, die der Schmerz geschlagen hat, so bleiben die Narben sichtbar und fühlbar zurück. Sie gehören zu mir, sind Teil meiner Selbst geworden, verändern das Gesamtbild. Ich darf sie immer wieder wahrnehmen, fühlen, daran leiden, um mich dann wieder zur Vergebung zu entschließen. Vielleicht meinte Jesus das, als er sagte, wir sollten unserem Nächsten siebzigmal siebenmal vergeben. Vielleicht müssen manche Umstände nicht nur einmal, sondern tausendmal vergeben werden, immer wieder, solange es eben dauert. Vielleicht ist das immer neue Entschließen schon der entscheidende Schritt. Wann immer alte Wunden schmerzen, habe ich die Wahl: Ich kann mich zu Vergeltung entschließen oder zur Vergebung. Ein Herz kannst du nicht neu weben, du kannst nur immer neue Fäden hineinfädeln, Fäden des Friedens und der Versöhnung. Und hoffen, dass das Neue das Alte überstrahlt. Mehr kannst du nicht tun. Außer, um Vergebung zu bitten. Ich bringe mein Scheitern vor meinen Gott, bei dem alle Schuldfragen schon längstens geklärt sind, bitte um Vergebung dafür, dass ich so schlecht vergeben kann. Ich bin auf eine Gnade angewiesen, die Menschen einander nicht schenken können, weil sie aus den Weiten des Himmels und nicht aus unseren irdischen Grenzen kommt.

**Ich bin auf eine Gnade angewiesen, die Menschen einander nicht schenken können, weil sie aus den Weiten des Himmels und nicht aus unseren irdischen Grenzen kommt.**

# 7. Zwischen Wahrhaftigkeit und wahrem Leben

Gerade eben hörte ich mein Handy empört brummen. Obwohl eigentlich zur Arbeit wild entschlossen, musste ich doch einen kurzen Blick riskieren. Das Brummen war die Sprachnachricht eines Kindes, das mit zittriger Stimme gestand, dass es sich auf der Flucht befände. Weil wir am Freitag zuvor auf der Beerdigung seiner Oma waren, hatte es nicht nur Unterricht versäumt, sondern auch die Ankündigung eines Testes im schwierigsten Fach. Außerdem hätte man wohl eine notenrelevante Hausaufgabe erstellen müssen, wovon es ebenfalls keine Kenntnis hatte. Das Kind hatte sich zwar im digitalen Klassenbuch schlau gemacht, aber auch digital ist ein Klassenbuch nur nützlich, wenn es ordentlich geführt wird. Der einzige Ausweg war das Auftreten einer „akuten" Magenverstimmung, um Hals über Kopf aus dem Schulhaus zu flüchten. Es käme jetzt nach Hause, konnte ich der geschluchzten Nachricht entnehmen. Ach, wie sehr konnte ich die Not meines Kindes fühlen, das unversehens und vor allem unverschuldet in eine blöde Lage geraten war! Die Gestrengen unter uns werden nun vielleicht energisch darauf hinweisen, dass eine blöde Lage, unverschuldet und unversehens hin oder her, noch lange keine dreiste Lüge rechtfertige. Womöglich haben sie Recht.

Aber genau dieses Kind hatte sich seit Monaten mit immensem Fleiß in genau diesem Fach aus dem Tal der Notentränen nach oben gearbeitet. Der überraschende Test hätte einen herben Rückschlag bedeutet. Außerdem schlossen die bisherigen Erfahrungen des Kindes mit der Lehrkraft ein Hoffen auf Verständnis aus, es lebte ohnehin schon seit Monaten in Angst und Schrecken.

Worauf das Kind allerdings voll Vertrauen setzte, war das Verständnis seiner Mutter, sowohl für die Flucht als auch für die Lüge. Ich gebe offen zu: zu Recht! Mit dieser Form der Unaufrichtigkeit habe ich kein moralisches Problem, sie bringt mich in kein Dilemma und mein Gewissen erweist sich gänzlich unbeeindruckt als sanftes Ruhekissen. Das Kind war in Not und hatte sich in Sicherheit gebracht. Das erscheint mir immer noch ausschließlich vernünftig und in keiner Weise verwerflich.

Spannenderweise hatte der Tod der Oma noch eine weitere Wahrheitsfrage im Gepäck. Sie hatte sich ausgerechnet am Tag vor der Erstkommunion unserer beiden Jüngsten auf den Heimweg in die Ewigkeit gemacht. Das Fest war viele Monate vorbereitet worden, eine Vielzahl an Gästen wurde erwartet, wir schmückten und bereiteten vor. Fröhlich aufgeregte Kinder wuselten durchs Haus, als plötzlich die traurige Nachricht eintraf. Von einem Moment auf den anderen stand die Welt still. Fast zeitgleich kam der Vorschlag, den Kindern vom Tod der Oma lieber nichts zu erzählen, damit ihre Festtagsfreude nicht geschmälert würde. Eine so erschütternde Nachricht, die Fassungslosigkeit, Traurigkeit und Tränen unmittelbar im Gepäck hat, verschweigen? Verheimlichen, dass ein den Kindern lieber Mensch verstorben ist? Das wäre eine Form von Unwahrheit gewesen, wie ich sie nicht ertragen hätte. Wir erzählten den

Kindern, was geschehen war, wir weinten zusammen und hielten uns aneinander fest, mittendrin im Chaos aus Blumenschmuck und Kuchenteig, aus Traurigkeit und Vorfreude. Ich mutete meinen Kindern die Wahrheit zu, um wahrhaftig bleiben zu können, und sie kamen ausgezeichnet damit zurecht. Das Leben ist ohne den Tod nicht zu denken, man kann fröhlich und traurig gleichermaßen sein. Ich hätte mit meinen Kindern nicht feiern können, wenn ich mich die ganze Zeit hätte verstellen müssen. Zudem hätte ich ihnen schlicht den Tag vermiest. Es gibt eine Form von Unaufrichtigkeit, die Menschen riechen können, vor allem, wenn sie einander lieben. Spätestens im Nachhinein hätte das Schweigen dunkle Schatten auf einen schönen Tag geworfen und die gerade noch unbeschwert Feiernden wären sich blöd vorgekommen. So jedoch feierten wir ein fröhliches Fest, bei dem es kein Problem war, dass ihrer Mutter hin und wieder die Tränen kamen, man wusste schließlich warum.

Zwei Unaufrichtigkeiten, die mein Herz und mein Hirn gänzlich unterschiedlich bewerten. Lügen, unaufrichtig sein, schwindeln, die Wahrheit verdrehen, verschweigen, uminterpretieren – ach, das Spektrum des kreativen Umgangs mit unliebsamen Tatsachen und Umständen ist wirklich breit gefächert. Man könnte meinen, die Beurteilung dieses ganzen Spektrums der Möglichkeiten sei klar und einfach. Lügen ist falsch, die Unwahrheit sagen ist falsch, beides gilt es stets und immer zu vermeiden und als Lösung für alle Fragestellungen des Lebens auszuschließen. Den Weg des aufrechten Menschen geht dieser an der Hand der Wahrheit. Tatsächlich ist der Umgang aber ausgesprochen kompliziert und komplex, wie Schichtnougat, wie bei allen menschlichen Regungen der Seele, die sich so ungern in das Raster strenger Regularien einfügen lassen wollen. Der ehrlichste Mensch auf Erden lebt höchstwahrscheinlich allein, anders kann ich es mir nicht vorstellen. Denn die Idee, immer absolut aufrichtig zu sein, funktioniert nur so lange gut, bis wir an die Grenzen unseres Herzens, vor allem aber an die Herzensgrenzen unserer Mitmenschen stoßen. Lügen ist falsch und doch manchmal richtig. Die Wahrheit ist ein hohes Gut und doch manchmal eine zerstörerische Gewalt.

Die Lüge als kürzester Ausweg aus einer schwierigen Lage ist mir selbstredend nicht fremd. Wie oft habe ich schon blitzschnell „Nein!" gesagt, obwohl „Ja!" die einzig richtige Antwort gewesen wäre. Ich erinnere mich an zahllose Beispiele aus meiner Kindheit, in denen die Notlüge, der am schnellsten greifbare Rettungsanker war, wenn die Situation brenzlig wurde. „Gab es die Arbeit zurück?", „Hast du die Hausaufgabe erledigt?", „Warst du das??!!", „Du hast doch wohl nicht ...?!" und schwups schaltete das Hirn für einen Moment aus und die Schwindelei kullerte wie von selbst aus dem Mund. Wenn ich mich zurückerinnere, so habe ich immer aus Not gelogen, aus Angst vor großem Ärger, aus Furcht vor Erwachsenen. Diese Art Lügen, die nicht umsonst Notlügen heißen, funktionieren wie eine Art Schutzschalter, der dann kippt, wenn sich die Seele in Gefahr sieht. Ich floh in die Unwahrheit, um mich in Sicherheit zu bringen. Außerdem begriff ich recht schnell, dass nicht jeder jede Wahrheit hören möchte, sie vielmehr übel und persönlich nimmt. Die Folgen sind noch

*Die Idee, immer absolut aufrichtig zu sein, funktioniert nur so lange gut, bis wir an die Grenzen unseres Herzens, vor allem aber an die Herzensgrenzen unserer Mitmenschen stoßen. Lügen ist falsch und doch manchmal richtig. Die Wahrheit ist ein hohes Gut und doch manchmal eine zerstörerische Gewalt.*

mehr Not und noch mehr Ärger. Als empathisches Menschenkind war mir schnell klar, dass es eine Form von Flunkern gibt, die die Kränkung eines anderen Menschen verhindert. Heute weiß ich, dass das zum normalen und gesunden Entwicklungsprozess eines jeden Menschen dazugehört. Wir lernen sprechen, laufen und die Toilette zu benutzen. Und im späten Kindergartenalter lernen wir lügen. In gewisser Hinsicht war ich also ein sehr gesundes Kind.

Auch als Erwachsene überkommt mich bisweilen ein „Unwohlsein“, wenn mir ein Termin in die Quere kommt, schiebe ich Verpflichtungen vor, um mich vor tatsächlichen zu drücken, behaupte, dass in einer Soße keine Zwiebeln drin seien, obwohl ich sie selbst angedünstet habe. Ich enttarne auch regelmäßig Notlügen und Ausreden, und zwar längst nicht nur bei meinen Kindern. Allein – es stört mich nicht. Es stört mich vor allem dann nicht, wenn ich spüre, dass jemand gerade einen Ausweg sucht, eine Ausrede, einen Fluchtweg aus einer unangenehmen Lage. Es erscheint mir auch bei Erwachsenen äußerst menschlich, die Notlüge als Schutzschild zu benutzen, als Notausgang und Fluchtfahrzeug. Ehrlicherweise glaube ich sogar, dass diese Form der Unaufrichtigkeit eine Erleichterung für alle Beteiligten ist. Ich sehe meinen Kindern an der Nasenspitze an, wenn sie schwindeln, erkenne sehr wohl, wenn eine Absage mit einer Ausrede begründet wird, ahne, wenn etwas im Busch ist, was aber jetzt gerade noch getarnt bleiben möchte. Ich nehme solcherlei Lügen weder persönlich noch übel. Natürlich wäre es wünschenswert, wenn wir einander stets und immer in allen Lebenslagen die Wahrheit sagen könnten. „Danke für die Einladung, aber leider habe ich überhaupt keine Lust darauf, mit diesen seltsamen Menschen den Abend zu verbringen!“, „Ich habe diese Aufgabe noch nicht erledigt, weil ich einfach nicht wollte und sie mir zu mühselig ist!", „Zurzeit ziehe ich Netflix deiner Gesellschaft vor!" sind aber Wahrheiten, die man weder hören noch aussprechen möchte. Insofern bewahrt eine kleine Lüge manchmal einfach die gute Laune, und zwar bei allen Beteiligten. Ein wahrer Segen können sie sein, wenn du nur die Wahl zwischen Kränkung und Schwindeln hast. Soll ich auf direkte Nachfrage wirklich sagen, dass der Kuchen ekelhaft schmeckt, dieses Kleid geschmacklos ist, die neue Frisur ein absoluter Reinfall und das Geschenk völlig daneben? Steht die Wahrheit um jeden Preis über allen Kränkungen und Verletzungen einer anderen Menschenseele? Ich glaube nicht. Die reine Wahrheit ist nicht immer der behutsamste und freundlichste Weg miteinander umzugehen, manchmal ist sie einfach nur grob, kränkend und zerstörerisch. Warum sollten wir das einander antun, einander dermaßen vor den Kopf stoßen, wenn es um nichts weiter geht als um eine Frage des Geschmacks, des Zeitpunkts oder einer momentanen Befindlichkeit? Wie oft sitzen wir mittags um den Tisch und ich sehe Kinderhände, die mit ihren Gabeln freudlos im Essen herumstochern. Auf Nachfrage bekomme ich immer eine ähnliche Antwort: „Doch, doch, es schmeckt so was von lecker, aber leider bin ich heute nicht so hungrig!" Aha! Lüge, du bist enttarnt! Aber eben auch das Bemühen, ihre Mutter nicht zu kränken und der freundliche Versuch, wertzuschätzen, dass sich jemand Arbeit gemacht hat. Wäre es besser, wenn sie mir um die Ohren knallen, dass dieser Fraß leider ungenießbar sei? Stattdessen muss ich dann lachen und kann gänzlich ungekränkt sagen: „Das hast du jetzt aber schön gelogen! Du musst nicht aufessen, wenn du nicht magst!"

***Es geht um die Lüge und die Falschaussage vor Gericht, es geht vor allem aber um die eigene Beziehung zu einem Mitmenschen, der durch Lüge nicht in Schwierigkeiten gebracht werden darf.***

Ich glaube tatsächlich, dass solcherlei Ausreden und Notlügen viel mit Wahrheit, aber wenig mit Wahrhaftigkeit zu tun haben. Ja, faktisch entscheidet sich das Menschenkind zugunsten der Unwahrheit, aber ficht das seine Wahrhaftigkeit an? Möchte es nicht vielmehr Verletzungen vermeiden, an der eigenen Seele und an der seiner Nächsten? Vielleicht schlägst du jetzt entsetzt die Hände über dem Kopf zusammen ob meines laxen Verhältnisses zur Wahrheit. Aber ich möchte dir glaubhaft versichern, dass dem nicht so ist. Wahrheit ist ein hohes Gut, Wahrhaftigkeit ein noch viel Höheres. Und doch finde ich, dass man gelegentlich abwägen muss, ob der Preis, den dieses Gut hat, noch im Verhältnis zur Sache steht. Ich unterschrieb die Entschuldigung des Kindes, dessen „akute" Bauchschmerzen ein vorzeitiges Verlassen des Unterrichts nötig gemacht hatte. Ein Sicherungsschalter war herausgeknallt, genau in dem Moment, in dem die Seele des Kindes sich in Not sah. Ich nenne das gesund und nicht verlogen.

*Wahrhaftigkeit ist die Vertrauensbasis jeder Gemeinschaft.*

Schon Abraham stiftete seine Frau Sarah zur Lüge an, um sich selbst in Sicherheit zu bringen. Sie sollte sich vor den Ägyptern als seine Schwester ausgeben, damit diese den Abraham um ihretwillen verschonen mochten (Gen. 12,2). Das christliche Ideal mag ein anderes sein, aber ein Mensch in Not lügt. Genauso, wie der höfliche und soziale Mensch, der, der nicht vorschnell kränken und verletzen möchte und der, dem das Wohl eines anderen am Herzen liegt. Vielleicht findet sich deshalb in den Zehn Geboten keines, das den Menschen zur absoluten Wahrheit verpflichtet. Das achte Gebot sagt vielmehr, dass „du nicht als Zeuge der Lüge gegen deinen Nächsten sprechen sollst." Es geht um die Lüge und die Falschaussage

*Lügen, die dich deine Wahrhaftigkeit kosten, wiegen schwer.*

vor Gericht, es geht vor allem aber um die eigene Beziehung zu einem Mitmenschen, der durch Lüge nicht in Schwierigkeiten gebracht werden darf. Lüge ist nicht gleich Lüge, aber wenn sie einen anderen Menschen, sein Leben und sein Wohl beeinträchtigt, wenn die Gerechtigkeit auf der Strecke bleibt und auch die Wahrhaftigkeit, ja dann würde ich die falsche Abzweigung nehmen, und zwar ganz ohne Zweifel. Im Neuen Testament (1.Tim. 1,9f) wird das Lügen als Treuebruch gesehen, der den Verlust des Vertrauens kostet, genau dann, wenn wir uns auf die Wahrhaftigkeit nicht mehr verlassen können. Wahrhaftigkeit ist die Vertrauensbasis jeder Gemeinschaft.

*Wahrhaftigkeit betrifft deine Liebe, deine innersten Überzeugungen, aber auch deinen Glauben und deine politischen und gesellschaftlichen Werte. Wahrhaftigkeit lässt erkennen, wer du wirklich bist, wofür du stehst, was dich im Innersten ausmacht.*

Meinen Kindern den Tod der Oma zu verschweigen, hätte mich meine Wahrhaftigkeit gekostet und die Beziehung zu meinen Kindern nachhaltig beeinflusst. Es ging um etwas Relevantes, Essenzielles, einen lebensverändernden Umstand, nicht um einen Akt billiger Ausrede, ein kurzes Umklappen des Notschalters oder der höflichen Umschreibung. In diesem Moment wurde meine Aufrichtigkeit verhandelt und wie ernst ich meine Kinder und ihre Bedürfnisse nehme. Verschweigen und vertuschen wäre der vermeintlich leichtere Weg gewesen, aber er hätte dauerhafte Konsequenzen gehabt, sowohl für mich als auch für die Hintergangenen. Sie hätten mir später zu Recht vorwerfen können, dass ich sie wissentlich hintergangen und in eine Situation gebracht hätte, die sie im Nachhinein nicht hätten ändern können. Lügen, die dich deine Wahrhaftigkeit kosten, wiegen schwer. Sara log aus Not, um ihren Mann zu retten. Petrus verleugnete Jesus und damit gleichsam alles, wofür er stand, woran er glaubte, was ihm wichtig und bedeutsam war. Die Sara in mir lebt in Frieden mit den kleinen Notlügen des Alltags. Der Petrus in mir hat es oft schwer mit sich und dem Einsatz für Wahrhaftigkeit. Wahrhaftigkeit betrifft deine Liebe, deine innersten Überzeugungen, aber auch deinen Glauben und deine politischen und gesellschaftlichen Werte. Wahrhaftigkeit lässt erkennen, wer du wirklich bist, wofür du stehst, was dich im Innersten ausmacht. Unter Gleichgesinnten lässt es sich leicht wahrhaftig sein; im Kreis der vertrauten Jünger um Jesu hatte Petrus kein Problem, zu seinen Überzeugungen zu stehen. Interessant wird es, wenn du auch außerhalb deiner persönlichen Sicherheitszonen für dich und für alles, was du mitbringst, einstehen musst. Ich für meinen Teil neige hin und wieder dazu, mich wie ein Chamäleon der Umgebung anzupassen, wenn es ungemütlich wird. Die Motive sind leider nicht besonders heroisch oder schmeichelnd für mich, denn oft sind es schlicht die Angst vor Repressalien oder ordinäre Gefallsucht, die mich schweigen lassen. Tatsächlich lüge ich in solchen Situationen nicht laut und unverhohlen, wie Petrus am Feuer, aber ich schweige. Vor allem als unsichere junge Frau war ich immer versucht, mich anzupassen, es allen und jedem recht zu machen, meine persönliche Meinung lieber für mich zu behalten.

*Interessant wird es, wenn du auch außerhalb deiner persönlichen Sicherheitszonen für dich und für alles, was du mitbringst, einstehen musst.*

Diese Art Schweigen wiegt zentnerschwer und verändert die Beziehung zu mir selbst, kommt einem Treuebruch mit der eigenen Seele gleich, an der Person, als die ich gedacht wurde. Ganz abgesehen davon, dass ich auch die anderen über mein wahres

Ich im Dunkeln lasse. Die kaufen dann eine Packung Zartbitter und finden darin Vollmilch-Nuss. Je älter ich werde, desto mehr Gewicht bekommt dieser Verrat an Gott, meinem Glauben, an mir selbst. Je älter ich werde, desto mehr traue ich mich aber auch mein eigenes Selbst zu werden, meine Wahrheiten für mich anzunehmen, meine Überzeugungen und meine Werte, die den Kern meiner Seele ausmachen. Ich lerne, für sie, für mich einzustehen, auch wenn der Preis hoch ist, auch wenn es mich Anerkennung, billiges Lob und meine Anpassungsfähigkeit kostet. Wahrhaftigkeit ist immer der höhere Preis, mit ihr zu bezahlen kostet dein Herz. Du sollst nicht falsch Zeugnis ablegen gegen deinen Nächsten, aber eben auch nicht gegen dich selbst. Aufrecht sollen wir stehen zu uns selbst und zu denen, die wir lieben, unsere Beziehungen hüten und schützen vor dem Gift der Unaufrichtigkeit. Nie war es leichter als heute, sich ein ganzes neues Leben zu erfinden, zusammenzulügen, in glanzvollen Bildern vorzuführen, wer man eigentlich gar nicht ist. Du öffnest deinen Instagram-Account und tauchst ein in Leben, die es so nicht gibt, als Mensch, den es so womöglich auch nicht gibt. Ich glaube, dass das wirklich gefährlich ist und eine tatsächliche, immense Herausforderung unserer Zeit. Denn im Unterschied zu einem Film, einer Serie oder einem Roman wird es immer

*Ganz abgesehen davon, dass ich auch die anderen über mein wahres Ich im Dunkeln lasse. Die kaufen dann eine Packung Zartbitter und finden darin Vollmilch-Nuss. Je älter ich werde, desto mehr Gewicht bekommt dieser Verrat an Gott, meinem Glauben, an mir selbst.*

*Wahrhaftigkeit ist immer der höhere Preis, mit ihr zu bezahlen kostet dein Herz. Du sollst nicht falsch Zeugnis ablegen gegen deinen Nächsten, aber eben auch nicht gegen dich selbst.*

schwerer, Fiktion von Wahrheit, Mensch von Filter, echtes Leben von Werbung zu unterscheiden. Wie sollen wir als Menschen nur gut miteinander leben, wenn wir uns beständig etwas vormachen? Wie unglücklich und unzufrieden werden wir in unserem echten, ungefilterten Leben, wenn wir nur noch falsche Masken tragen? In einer Zeit, in der niemand mehr sein echtes Gesicht in die Kamera halten will und jedes schlichte Mittagessen eine Portion Hochglanzpolitur benötigt, kommt die simple, ungeschminkte Wahrhaftigkeit einem Akt der Rebellion gleich. Ich möchte ein echter Mensch unter echten Menschen sein, ich will Runzeln haben und Runzeln sehen, ich will meine Schwächen zugeben und erleichtert darüber sein, dass andere sich auch damit herumschlagen müssen. Ich will echte Überzeugungen hören und mich aufrichtig streiten, will zugeben können, dass ich oft irre und es bei uns zu oft Fischstäbchen gibt. Wie sollen wir vertrauensvoll und gut miteinander leben, wenn wir nicht wahrhaftig sind? Zumindest in den realen Lebensräumen, in meinem Haus und unter Freunden, bei meiner Familie und den Menschen, denen ich tagtäglich begegne, möchte ich die sein, die ich nun mal bin. Das mag unspektakulär sein, aber ehrlich.

**In einer Zeit, in der niemand mehr sein echtes Gesicht in die Kamera halten will und jedes schlichte Mittagessen eine Portion Hochglanzpolitur benötigt, kommt die simple, ungeschminkte Wahrhaftigkeit einem Akt der Rebellion gleich.**

Der Weg der Wahrhaftigkeit ist ein schwerer und herausfordernder, einer, den man mühsam lernen muss und der den Charakter fordert und formt. Erschwerend kommt hinzu, dass du es dir mit deiner Wahrheit nie zu einfach machen darfst. Denn es gibt sie natürlich, nicht wahr? Diese Flammenwerfer der Wahrheit, die durch nichts und niemanden zu erschüttern sind und im Namen dieser Wahrheit jede Menge Unheil in die Welt bringen. Es ist eine Wahrhaftigkeit, die mit Brachialgewalt vorgeht und alle Andersdenkenden an die Wand brüllt, betet, mit Häme überschüttet, den Mund verbieten möchte oder Schlimmeres vermag. Du findest sie auf Elternabenden und in Kirchengemeinden, unter Wahlkämpfern und natürlich auch im Internet, vor allem da. Vor nichts sollte sich der Mensch mehr hüten als vor absoluten Wahrheitsansprüchen, ganz gleich, ob sie politisch, religiös oder weltanschaulich motiviert sind. Die Welt ist niemals schwarz-weiß. Wer ist Gott wirklich, wie sollen wir leben, glauben, arbeiten, lieben, streiten, zweifeln? Kein Mensch auf dieser Erde hält den Universalschlüssel zum Weltenverständnis in seinen Händen, so ist es nun mal, auch wenn es schwer auszuhalten ist und man vereinzelt und in Teilfragen doch sehr überzeugt davon ist, der Wahrheit auf die Spur gekommen zu sein. Jetzt müssen es die anderen nur noch einsehen und wenn sie nicht willens sind, dann muss ich eben lauter brüllen, hämischer grinsen, noch milder belächeln und fieser posten. Der Gatte hat einen Freund, mit dem er schon seit Schülertagen verbunden ist, er ist sogar der Pate unseres ältesten Sohnes. Der Gatte und der Freund sind in ziemlich vielen Fragen des Le-

*Vor nichts sollte sich der Mensch mehr hüten als vor absoluten Wahrheitsansprüchen, ganz gleich, ob sie politisch, religiös oder weltanschaulich motiviert sind.*

*Kein Mensch auf dieser Erde hält den Universalschlüssel zum Weltenverständnis in seinen Händen, so ist es nun mal, auch wenn es schwer auszuhalten ist und man vereinzelt und in Teilfragen doch sehr überzeugt davon ist, der Wahrheit auf die Spur gekommen zu sein.*

bens, der Weltanschauung und Selbstbetrachtung ziemlich unterschiedlicher Meinung. Trotzdem sind sie Freunde und dieser Umstand macht mich immer wieder froh. Immer wenn ich die beiden miteinander sehe, möchte ich laut ausrufen: Seht her! Es funktioniert! Wir müssen nur äußerst sorgfältig mit unseren Wahrheiten umgehen, das Gemeinsame suchen und um Himmels willen niemals aufhören, über uns selbst zu lachen. Die fundamentalste Gemeinsamkeit, die wir als Menschen miteinander teilen, ist, dass keiner die Wahrheit für sich in Anspruch nehmen kann.

Die einzige Wahrheit, die du wirklich kennst, ist deine eigene. Was du nicht kennst, ist die Wahrheit deines Gegenübers. Und so musst du nicht nur deine Wahrhaftigkeit und Wahrheit sorgfältig behüten und bewahren, sondern genauso respektvoll und sorgfältig mit der Wahrheit der anderen umgehen. Ich weiß geradezu lächerlich wenig über den Glauben der anderen, ihre Arbeit, ihre Kraft, ihre Frömmigkeit, ihren Kummer, ihre Sorgen, Ängste und Nöte, ihre Weisheit, ihre Schönheit und nicht zuletzt über die Geschichte derer, die mir gegenüberstehen, leibhaftig oder in Bild und Wort. Wir sehen so vieles nicht, wir wissen so vieles nicht, wie können wir unsere eigene Wahrheit absolut setzen? Meine Wahrheit ist nicht deine und wird es auch niemals werden. Diesen Umstand anzuerkennen und auszuhalten, finde ich manchmal ganz schön schwer. Jeder normale Dienstag hat doch unzählige Gelegenheiten im Gepäck, bei denen ich mir nur die Haare raufen möchte, so verschieden sind die Menschen, so gänzlich anders ihre Herangehensweisen, ihre Sicht der Dinge und die Art, wie sie reden. Nicht selten stehe ich dann da in meiner schönsten Wahrhaftigkeit und schüttle ungläubig den Kopf. Denk dir nur einen Elternabend im November, einen Stau auf der Autobahn, ein Telefonat mit dem örtlichen Bürgerbüro und du weißt sofort, was ich meine. Wie kann einer so denken, so reagieren, so anstrengend sein? Ich verstehe nicht, weshalb ein Mensch so tickt!

Es gibt einen kleinen Kniff, der mir hilft. Bei einsetzendem Nichtbegreifen ersetze ich in meinem Kopf „irre, bekloppt, seltsam, ist ja typisch, war nicht anders zu erwarten, Unverschämtheit, Vollidiot, Nixpeiler und war ja eh klar" durch „Interessant. Also meines ist es nicht, aber ... Spannend, wie du denkst, wie du handelst und fühlst, wie du die Welt siehst und darin agierst." Ich bestaune damit interessiert das Phänomen und greife nicht gleich an wie ein enthemmter Pitbull. Im günstigsten Fall lerne ich etwas dazu, über die Wahrheit der anderen, über Freundlichkeit und Güte. Wenn Wahrhaftigkeit die Grundlage einer funktionierenden Gemeinschaft ist, dann müssen wir sie einander auch zugestehen, ob es uns passt oder nicht. Es gibt noch einen zweiten Kniff, der mir im Umgang mit anderen Wahrheiten hilft. Ich überlege kurz: Was ist, wenn der andere recht hat? So abwegig es auch erscheinen, so schwer der bloße Gedanke daran auch auszuhalten sein mag: Was ist, wenn der andere recht hat? Diese kleine Überlegung hat eine nachhaltige Wirkung. Sie erinnert mich daran, dass ich nicht alles weiß, dass die Wahrheit eines Teenagers eine andere ist als die eines Erwachsenen, die eines Mannes anders als die einer Frau, die eines Gläubigen anders als die des Atheisten, ja, selbst die zweier Christen kann sich massiv unterscheiden. Nicht richtiger, nicht falscher. Erstmal nur anders. Sich gedanklich die Schuhe dessen anzuziehen,

***Sich gedanklich die Schuhe dessen anzuziehen, den man gerade überhaupt nicht versteht und mit dem man sich aus tiefer Seele uneinig ist, eröffnet neue Spielräume für die Wahrhaftigkeit, für Respekt und Akzeptanz.***

den man gerade überhaupt nicht versteht und mit dem man sich aus tiefer Seele uneinig ist, eröffnet neue Spielräume für die Wahrhaftigkeit, für Respekt und Akzeptanz.

Es gibt so viele Arten der Lüge, so viele Spielarten der Vertuschung, so viele Variationen der Unaufrichtigkeit, unendliche Interpretationsmöglichkeiten einer Wahrheit. Für mich und mein Gewissen ist die Wahrhaftigkeit zum Gradmesser geworden, meine eigene und die der anderen. Eine Lüge wird nicht dadurch gerechtfertigt, dass sie eine Ich-wollte-nur-dein-Bestes-Lüge ist. Auch sie entzieht der Wahrhaftigkeit den Boden. Sie verändert den, der sie ausspricht und den, der sie hört. Neulich erst erzählte mir eine Freundin, dass ihre geliebte Oma ohne ihr Wissen beerdigt wurde. Sie selbst war zu diesem Zeitpunkt schwanger und jemand hatte entschieden, dass sie die Trauer sicherlich nicht verkraften würde. Zwanzig Jahre später treibt ihr der bloße Gedanke an diese Übergriffigkeit zusammen mit der Traurigkeit, um einen Abschied betrogen worden zu sein, die Tränen in die Augen. Diese Lüge, so gut sie auch gemeint gewesen sein mag, hat Vertrauen gekostet, den Preis der Wahrhaftigkeit, und eine Beziehung nachhaltig verändert. Gleiches gilt, wenn die Unwahrheit als Krücke für Machtmissbrauch dient, wenn sie übergriffig und ungeniert in das Leben und in das Vertrauen eines Menschen eingreift, wenn sie ihn für dumm verkauft, bloßstellt und hintergeht. Unwahrheit und

> *Unwahrheit und falsches Zeugnis, Verleumdung und Lästerei sind scharfe Waffen mit einem gewaltigen, zerstörerischen Potenzial. Sie öffnen dem Misstrauen die Tür, dem Leid und der Not, sie bringt Menschen und ihre Beziehungen in ernste Schwierigkeiten. So können Menschen nicht dauerhaft gut zusammenleben, nicht im Kleinen und nicht im Großen.*

falsches Zeugnis, Verleumdung und Lästerei sind scharfe Waffen mit einem gewaltigen, zerstörerischen Potenzial. Sie öffnen dem Misstrauen die Tür, dem Leid und der Not, sie bringt Menschen und ihre Beziehungen in ernste Schwierigkeiten. So können Menschen nicht dauerhaft gut zusammenleben, nicht im Kleinen und nicht im Großen. Ich weiß, dass in der Welt gelogen wird, dass sich die Balken biegen. Aus Angst, aus Scham, aus Not. Um zu vertuschen und zu betrügen, um Menschen zu manipulieren und kleinzuhalten. Wahrheiten werden verdreht, aufgehübscht und rundgeschliffen, dass es die reinste Freude ist. Das wahre Leben und die Wahrhaftigkeit haben es schwer miteinander. Alles, was ich habe, ist mein kleines Leben. Ich will wahrhaftig sein und vertrauen, will leichtgläubig bleiben und immer mehr ich selbst werden. Wir müssen sie hüten und behüten, die Wahrhaftigkeit unserer Herzen. Trotzdem werde ich eine Entschuldigung unterschreiben, wenn mein Kind in Nöten und nicht wirklich krank war. Ich werde „lecker“ sagen, wenn ich eigentlich „ekelhaft“ meine, mich für ein Geschenk bedanken und es hinten im Schrank verstecken. Der Grat ist schmal, ich weiß, aber der Himmel weit.

**Das wahre Leben und die Wahrhaftigkeit haben es schwer miteinander.**

**Der Grat ist schmal, ich weiß, aber der Himmel weit.**

# 8. Zwischen Annahme und Anspruch

Wenn morgens früh um sechs der Wecker klingelt, wache ich langsam auf, begrüße gedanklich den neuen Tag und mache dabei ein paar erste Dehnübungen im Bett. Ein Körper, vor allem wenn er schon über vierzig ist, möchte freundlich und sanft in den Tag starten. Ich trinke einen halben Liter heißes Wasser (auch die Gedärme wollen liebevoll in den Tag begleitet werden), bereite gesundes Frühstück für Kinder und Hund und wecke dann gut gelaunt den Nachwuchs. Der richtige Start in den Tag ist wahnsinnig entscheidend für den weiteren Verlauf und deshalb sind Freundlichkeit, Geduld und liebevolle Zugewandtheit allererste Mutterpflicht. Sind alle aus dem Haus, drehe ich eine große Runde mit dem Hundemädchen, denn frische Luft und Bewegung sind die Wurzel alles Guten, sowohl für Mensch als auch für Tier. Ich frühstücke proteinreich und vergesse weder die Omega-3-Fettsäuren noch das Obst, weder das Kollagenpulver für gesunde Knochen (ist aber vegan), noch den Vitamin D3 Tropfen für ein frohes Gemüt und blendende Gesundheit. Ein kurzer Gang durchs Haus zum Lüften und Räumen genügt, denn jedes Ding hat seinen festen Ort. Unordnung haben wir schon vor langer Zeit aus unserem Leben verbannt, es braucht nur ein wenig Disziplin, etwas eisernen Willen und die bewusste Entscheidung für Nerven schonenden Minimalismus. Geschmackvoller Minimalismus selbstredend. Chaos im Außen wäre beunruhigender Ausdruck für Chaos im Inneren. Jetzt kann ich mich beruhigt an die eigentliche Arbeit machen, die Gedanken sprudeln nur so aus mir heraus und ich tippe sie hoch konzentriert in den Laptop. Das funktioniert tadellos, wenn du ganz bei dir bist und nebenbei ein bis zwei Liter Kräutertee trinkst. Um die Mittagszeit fange ich an zu kochen, ausgewogen, vollwertig, gesund, aber wohlschmeckend, regional, saisonal und hübsch angerichtet. Allen wohlschmeckend. Essen ist immer auch Nahrung für die Seele und keine Seele in unserem Haus soll hungern müssen. Ich esse mit meinen jüngeren Kindern, höre mit Begeisterung ihre Schulgeschichten, freue mich an ihrem Appetit und ihrer Freude an der liebevoll bereiteten Mahlzeit. Der Nachmittag gehört der Familie und der individuellen Förderung der lieben Kleinen, dem Sport (Kräftigung der Muskeln, Dehnung der Faszien, Entspannung des Geistes und Cardio-Training für das Herz-Kreislauf-System), dem Lesen guter Bücher, kreativem Werken als Ausdruck meiner Persönlichkeit, dem Backen von vollwertigem Brot, der Pflege mit verschönender und doch schöpfungsbewahrender Naturkosmetik, Freundinnenzeit, Paar-Zeit, Zeit mit Gott und Zeit im blühenden Garten, Zeit für das aktuelle Weltgeschehen und Zeit für das Ehrenamt. Alles wichtig, alles sehr richtig. Hin und wieder zaubere ich ein paar Muffins zur Stärkung, oder Kekse, oder einen „Naked Cake", hach, und ein „Cheeseboard" zum Abendessen. Am Abend bin ich dann erfüllt und müde von meinem wunderbaren Tag, notiere meine Dankbarkeiten in eine selbst gebundene Kladde und nippe an einer letzten Tasse Melissen-Tee. Ich sinke in mein Bett, bete inbrünstig, atme lang und tief (der Vagusnerv dankt es mir) und schlafe dann tief und traumlos für die nächsten acht Stunden.

Wenn ein solcher Tagesablauf absurd in deinen Ohren klingt, dann liegt das allein daran, dass er absurd ist. Wie soll das denn bitte schön gehen, wie viele Stunden müsste ein Tag haben, welche menschlichen Grenzen müssten es gänzlich aufgehoben werden, damit jemand das durchhält? Schon beim Aufschreiben klingt ein solcher Tagesablauf wahnsinnig anstrengend, dem Himmel sei Dank existiert er allein in meiner Fantasie. Wobei – eben nicht allein in meiner Fantasie, sondern auch in der Region meines Gehirns, die mir vorgibt, wie es idealerweise zu sein hätte. In dieser Region sind auch meine inneren Antreiber zu Hause, ein äußerst lautstarkes und forderndes Völkchen. Sie treten gerne offensiv auf, predigen Ansprüche und Idealvorstellungen, haben stets ein paar Vergleichsmodelle parat und werden nicht müde, zu fordern, zu mahnen und einzuklagen. Es sind radikale Anspruchsaktivisten, die mir gerne ins ohnehin schon müde Ohr plärren, und denen offenbar niemals die Ideen und Inspirationen ausgehen. Sie lieben es, Vergleiche anzustellen, scrollen mit Begeisterung durch die ganze schöngefärbte Instagram-Welt und rufen ohne Unterlass nach mehr. Mehr Einsatz, mehr Schönheit, mehr Aktivität, mehr vom Weniger, mehr Mutter, mehr Frau, mehr du selbst und mehr Christin. Sie streben nach einer Form der Perfektion, die unendlich wie das Universum ist und deshalb niemals erreichbar. Ergibst du dich ihrem Geplärre, ist dies der sicherste Weg, um dich selbst zu verlieren. Es ist schlicht unmöglich, all diesen Ansprüchen gerecht zu werden, ohne dabei den Verstand zu verlieren. Eigentlich weiß ich das. Trotzdem gibt mir diese Erkenntnis nicht selten ein Gefühl von Unzulänglichkeit, von nicht genug und irgendwie verkehrt. Dann versuche ich mich

***Gedacht als freie Menschenkinder ist es doch sehr verwunderlich, warum sich so viele von uns dem Kampfgebrüll der Ansprüche unterwerfen.***

noch mehr anzustrengen, den Tagen, Stunden und Minuten noch mehr abzutrotzen, werde atemlos und immer hektischer und komme meinem Ziel kein Stück näher. Ich mache mich zur Sklavin meiner eigenen Ansprüche, lasse mich von ihnen an die Kandare nehmen und begebe mich damit in eine Art selbstgewählter Knechtschaft. Vielleicht kennst du dieses Gefühl des inneren Getriebenseins, des sich Ergebens unter das Diktat endloser To-do-Listen, die sich scheinbar unaufhörlich selbst verlängern. Gedacht als freie Menschenkinder ist es doch sehr verwunderlich, warum sich so viele von uns dem Kampfgebrüll der Ansprüche unterwerfen.

Zu besonderen Festtagen verschenken wir gerne Zeit. Mein letztes Zeitgeschenk führte mich mit meiner jüngsten Tochter nach Hohenschwangau, also dem Ort, wo du gleich zwei Schlösser von Ludwig II. in die Berge gebaut findest. Wir reisten bei strömendem Regen an und bezogen unser Zimmer in einer kleinen, gemütlichen Pension. Sie war ein bisschen angeranzt und in die Jahre gekommen, die Teppiche zerschlissen und die Spiegel fleckig. Es war großartig. Es war großartig, weil wir zu zweit waren und voller Vorfreude auf die gemeinsame Zeit. Am ersten Tag liefen wir durch den Regen den Berg hinauf zum älteren der beiden Schlösser, Hohenschwangau. Wir ließen uns durch die Räume führen, hörten die Geschichten all derer, die hier gelebt, geliebt und gelitten hatten. Ein Schloss voller Geschichte und Geschichten, teilweise tragisch, teilweise absurd, immer spannend. Am nächsten Morgen absolvierten wir das komplette Touristenprogramm und fuhren mit der Pferdekutsche hinauf zum berühmtesten aller Schlösser: Neuschwanstein. Atemberaubend ragte es über uns auf, majestätisch, weiß und absolut gruselig. Auch hier hatten wir eine Führung und waren beide ein wenig erschlagen und sprachlos gleichermaßen. So viel Perfektionismus, so viel Gigantismus und vor allem so viel Größenwahn fühlte sich für uns plötzlich bedrohlich an. Drumherum Touristen aus aller Herren Länder, indische Brautpaare, die sich von ihren Fotografen vor der perfekten Kulisse in Szene setzen ließen, Japaner, Chinesen und Amerikaner auf der Suche nach dem idealen Selfie, dem perfekten Bild. Etwas benommen von all dem Trubel und den vielen Eindrücken liefen wir zurück zu unserer kleinen, etwas runtergekommenen Pension. Mein Mädchen nahm meine Hand und meinte plötzlich mit einem tiefen Seufzen: „Weißt du Mama, mir hat das andere Schloss viel besser gefallen. Es wird einem kalt in Neuschwanstein, es ist nicht echt, es ist nur perfekt!“ Sie hatte recht. Es war nur perfekt.

Im Perfektionismus liegt etwas Artifizielles, hartes und kaltes, aber dafür wenig kribbelnder Zauber, lebendige Schönheit, überraschend Besonderes. Darin liegt echte Tragik, nicht wahr? Die Welt sehnt sich nach Perfektion, nach der Realisierung von Idealvorstellungen, nach der absoluten Erfüllung aller Ansprüche. Manch einer reist um die halbe Welt, um vor einem Zeugnis trauriger Perfektion zu posieren. Wo man diese Sehnsucht erfüllt sieht, spürt man plötzlich, wie wenig lebendig, wie wenig menschlich und wie wenig ansprechend das in Wirklichkeit ist. Der getriebene König sehnte sich nach Vollkommenheit, baute immer höher, immer teurer, immer perfekter und wurde gleichsam immer leerer, immer einsamer und immer verlorener.

Am Nachmittag desselben Tages zogen wir los, um ein wenig spazieren zu gehen und für unser Abendessen einzukaufen. Durch die Frühlingswärme und die starken Regenfälle hatte es unvermittelt eine Explosion gegeben, wie ich sie noch nie zuvor erlebt hatte. Die unendlich wirkenden grünen Wiesen des Alpenvorlandes hatten sich mit einem Schlag in goldgelbe Ozeane aus Löwenzahn verwandelt, zauberhaft und atemberaubend schön. Wir liefen und liefen und freuten uns über dieses Überraschungsgeschenk. Dann kauften wir ein paar Brezeln und etwas Käse, trafen auf einen Imker und einen freundlichen Eisverkäufer. Am Abend schließlich saßen wir am Ufer des Eibsees, alle anderen waren längstens wieder in Autos und Busse gestiegen oder hatten einen Platz in einem der teuren Hotels gefunden. Mein Mädchen und ich picknickten, beobachteten Enten und Schwäne, das wilde Spiel der Wolken vor der mächtigen Kulisse aus Bergen und Schlössern. In diesen Stunden wurde uns ein Stück vom Glück in die Hände gelegt, ganz unerwartet und unvermittelt. Ich hätte es nicht buchen können, dieses Stückchen Glück, in keinen Warenkorb legen, nicht planen und nicht bezahlen. Es wurde uns geschenkt, erfüllte unsere Herzen mit Liebe und Dankbarkeit für den Augenblick, für die gemeinsame Zeit und für das unverschämte Glück, ein Stückchen Glück zu bekommen. Mir wurde plötzlich klar, wie stark der Kontrast zu unseren Erlebnissen des Vormittages war. Das Stückchen Glück findet sich nicht im absoluten Anspruch und auch nicht in der Perfektion, nicht im Streben nach immer mehr und nicht im Optimierungswahn. Das Stückchen Glück ist bescheiden und wird dir behutsam in deine geöffneten Hände gelegt. Wieder zu Hause bekam ich einen Dankesbrief aufs Kissen gelegt, mit einer wunderschönen Zeichnung auf der Vorderseite. Darauf abgebildet war nicht etwa das Märchenschloss, eine Pferdekutsche oder das Schnitzel im Brauhaus. Dafür aber unser Pick-

**Die Kunst des guten Lebens besteht nicht zuletzt darin, auszuharren und auszuhalten, dass das Stückchen Glück immer ein Geschenk des Himmels ist.**

nick am See, ganz ohne Anspruch an irgendeine Perfektion. Die Kunst des guten Lebens besteht nicht zuletzt darin, auszuharren und auszuhalten, dass das Stückchen Glück immer ein Geschenk des Himmels ist. Wäre dieser besondere Moment in unserer Mutter-Tochter-Beziehung auf den Malediven noch besonderer gewesen? Hätte ich ihn erzwingen können? Nein und nein.

Perfektionismus und Anspruch sind ein Duo infernale und gemeinsam als echte Lebenskiller unterwegs. Wahrscheinlich kamen sie zeitgleich mit dem Menschen ins Leben und dieser erliegt ihrem verlockenden Rufen und damit auch dem Größenwahn, immer alles im Griff haben zu wollen und auch zu können. Das stimmt leider nicht. Das Motiv der Vertreibung aus dem Paradies veranschaulicht doch sehr farbenfroh, was dieser menschliche Irrtum letztlich bewirkt. Alles tun können, alles tun dürfen, alles erreichen und besitzen wollen, einen Anspruch auf dieses Alles zu haben und es sich im Zweifel einfach zu nehmen, schlicht, weil mein persönlicher Wille auch meine persönliche Rechtsgrundlage ist – seit Anbeginn der Menschheit erliegen wir diesem Säuseln der Schlange. Die Schlange ändert Jahr um Jahr ihre Gestalt, allein ihr Locken bleibt. Dieser verführerische Irrtum ist der kürzeste Weg zur Unfreiheit, mitten hinein in das Getriebensein, in die Unzufriedenheit und das Hadern mit den eigenen Umständen. Keiner kann alles haben, keiner kann alles werden und sein. Wer das nicht einsieht, wird sich ein Leben lang als Mängelexemplar fühlen. Sein Mangel besteht darin, dass er Mensch ist und

**Keiner kann alles haben, keiner kann alles werden und sein. Wer das nicht einsieht, wird sich ein Leben lang als Mängelexemplar fühlen. Sein Mangel besteht darin, dass er Mensch ist und nicht Gott.**

nicht Gott. Nun denkst du vielleicht, dass dieser Gedanke ganz stimmig nicht ist. Anspruch und Perfektion haben auf dieser Erde schließlich großartiges hervorgebracht: Kathedralen und Gemälde, Wasserklosetts, Motoren und die Idee der Demokratie. Wo wären wir denn, wenn es nicht immer wieder Menschen gäbe, die Höchstleistungen erbringen, die nicht müde werden in ihrer Kreativität, ihrem Forschen und Suchen nach Lösungen und Antworten? Mit Leidenschaft für eine Idee zu brennen, eine Begabung auszuleben und sich in eine Sache zu investieren, die dir auf der Seele liegt, ist aber etwas grundlegend anderes, als dem Anspruch zu folgen, du müsstest in allen Teilen des Lebens perfekt sein. Ganz gleich, um welchen Bereich deines Lebens es sich handelt, ob Glaubensleben oder Familie, deine Beziehungen, dein Körper oder die Einrichtung deines Hauses, du kannst dich völlig verausgaben und in endlosen Ansprüchen verlieren. Du wirst immer jemanden finden, der es genau in diesem Bereich besser macht, mehr erreicht, erfolgreicher ist oder es zumindest so aussehen lässt. Aber wem nützt das? Du hast nur dein Leben und deine Ressourcen, deine Stärken und deine Kraft. Das ist genug. Du bist genug, sogar mehr als das. Du bist so geschaffen, so gewollt und immer schon geliebt, noch bevor irgendein Anspruch sich in dir zu Wort melden konnte. Du kannst dein Bestes geben. Nur du allein, deine Kräfte, deine Ausgangslage und deine Prioritäten entscheiden, wann dein Bestes erreicht ist. Du allein kennst deine Grenzen, deine Vorlieben, deine Kraftressourcen. Du allein kannst deine Ansprüche herunterdrehen und sie den

*Mit Leidenschaft für eine Idee zu brennen, eine Begabung auszuleben und sich in eine Sache zu investieren, die dir auf der Seele liegt, ist aber etwas grundlegend anderes, als dem Anspruch zu folgen, du müsstest in allen Teilen des Lebens perfekt sein.*

Gegebenheiten anpassen, und du allein hast die Hoheit in deinem Leben festzustellen, dass es sich auch ausgezeichnet ohne handgestrichene Gartenmöbel, Frühsport und Proust auf dem Nachttisch lebt. Außer du möchtest es, weil dein Herz genau dafür brennt. Dann tu es.

Ich frage mich immer wieder, was denn das Ziel all dieser Ansprüche ist. Macht all das Höher, Schneller, Weiter denn wirklich zufriedener, ausgeglichener, froher? Ich bin einmal einem weisen Rat gefolgt und habe aus dem Bauch heraus eine Liste mit hundert Dingen, die mich wirklich froh machen, erstellt. Du musst wild darauflosschreiben, nicht nachdenken, ganz gleich, ob sich mancher Punkt doppelt oder gar vervielfacht, denn es geht nicht darum, eine Leistung zu erbringen. Du erhältst keine Liste deiner Ansprüche, sondern eine Liste deiner persönlichen Zufriedenmacher. Auf meiner stand das Blühen der Rosenhecke in unserem Garten. Abendspaziergänge mit dem Gatten. Mein Kaffee auf dem Gartenbänkchen und Sommerabende mit meiner Familie. Ein paar Knäuel Wolle und ein gutes Buch. Die alte, große Henkeltasse mit den Blumen darauf, der erste Blick aufs Meer nach langer Zeit, der Geruch von Weihrauch in einer leeren Kirche und die Klippen des Atlantiks. Freundinnenzeit. Umarmungen meiner Kinder. Das ist alles nicht sonderlich aufregend oder spektakulär. Aber all das macht mich froh, zufrieden und heiter und das will mir als Ziel genügen. Was stünde auf deiner Liste? Was bringt deine Seele zum Lächeln und dein Herz zum hüpfen?

*Nur du allein, deine Kräfte, deine Ausgangslage und deine Prioritäten entscheiden, wann dein Bestes erreicht ist. Du allein kennst deine Grenzen, deine Vorlieben, deine Kraftressourcen.*

Ich habe sehr wenig übrig für schlaue Spruchweisheiten, früher zu finden auf Spitzendeckchen, heute auf Postkartenständern in nahezu jedem beliebigen Supermarkt. Aber ausgerechnet den Satz: „Unter jedem Dach ein Ach!“ schätze ich und rufe ihn mir bisweilen mahnend in mein Gedächtnis. Dieser Satz veranschaulicht mir nämlich sehr eindrücklich, dass kein Mensch dieser Welt ohne Not, ohne Kummer und ohne Begrenzungen durch dieses Leben kommt. Ich weiß selbstverständlich genau, dass niemand bei Ankunft auf dieser Welt das Rundum-sorglos-Paket gebucht hat, dass es das Ideal eines Lebens gar nicht gibt, dass kein Mensch ohne ebendieses „Ach“ durch diese Seite der Ewigkeit reist. Wie sollte das auch aussehen, da gibt es doch äußerst unterschiedliche Vorstellungen. Was für den einen Hort der Glückseligkeit, ist für den anderen das Tor zur Vorhölle – und beide stehen im selben Raum. Ich vergesse es nur hin und wieder, der Gedanke ist einfach zu verführerisch. Die Annahme meiner persönlichen Begrenzungen, sowohl meine Fähigkeiten als auch meine Umstände betreffend, macht aber auf wundersame Weise frei und erweist sich als Stärke und nicht als Schwäche. Zu meinem Leben gehört das „Ach“, genau wie zu deinem. Diese Erkenntnis ist der Freifahrtschein in die Freiheit der Herzen, getragen von Dankbarkeit für das Gelingende. Auf jeden Fall vermögen die verführerischen Idealbilder nicht mehr ungehindert, mich zu blenden und mich dem Irrglauben hinzugeben, dass das Gras auf der anderen Seite des Zaunes viel grüner ist. Der Hang zur Vergleicheritis nimmt dann keine ungesunden Formen an, deren Früchte Unzufriedenheit und Erschöpfung sind. Es gibt Menschen, deren Tag tatsächlich über mehr Stunden zu verfügen scheint als meiner. Sie schaffen es offenbar mühelos,

**Was stünde auf deiner Liste? Was bringt deine Seele zum Lächeln und dein Herz zum hüpfen?**

einen tadellosen Haushalt zu führen, sich beruflich zu verwirklichen, ein harmonisches Familienleben am Laufen zu halten, dabei körperlich und seelisch im Wohlfühlbereich zu verbleiben und trotzdem nicht den Verstand zu verlieren. Ich schätze aber, dass ihre Zahl relativ begrenzt ist. Und erkenne an, dass jeder Mensch mit unterschiedlichen Kraftreserven in sein Leben geschickt wird: Was dem einen mühelos gelingt, ist für den anderen Schwerstarbeit. Ich organisiere dir ohne Weiteres ein Abendessen für zwanzig Personen, schreibe drei Artikel in kurzer Zeit und schmeiße gleichzeitig noch eine Kinderparty mit allem, was kleine Menschen glücklich macht. Ich weiß, dass andere darüber den Kopf schütteln und sich fragen: „Wie macht sie das nur?“ Aber setze mich vor eine Steuererklärung, verlange von mir, einen Aktenschrank zu sortieren oder eine Excel-Tabelle anzulegen und ich werde binnen zehn Minuten weinend zusammenbrechen. Meine Unfähigkeit allen digitalen Fragen gegenüber erschüttert mich manchmal selbst, genauso wie meine mangelnde Merkfähigkeit und der ausgeprägte Hang zu Prokrastination.

***Zu meinem Leben gehört das „Ach“, genau wie zu deinem. Diese Erkenntnis ist der Freifahrtschein in die Freiheit der Herzen, getragen von Dankbarkeit für das Gelingende.***

Andererseits ist genau dieser Umstand doch ein großartiger Schachzug der Schöpfung. Menschen, du und ich, wir alle brauchen einander. Ich muss gar nicht alles können, alles wissen, über alle Fähigkeiten verfügen. Wie gut, dass du weißt, was ich nicht weiß. Wie gut, dass es Menschen gibt, deren Herzen für Brandschutz und Versicherungswesen schlagen, für Elektrotechnik und das Innenleben von Computern. Aber wie gut auch, dass es die Ge-

***Wie gut, dass du weißt, was ich nicht weiß.***

schichtenerzähler gibt, die kreativen Köpfe und die, die sich vorwiegend für das Innenleben von Menschen interessieren. Wir brauchen einander wirklich, wenn dieses Leben gut gelingen soll, wir müssen einander unterstützen und einander aushelfen mit unseren unterschiedlichen Begabungen, Talenten und Leidenschaften. Der Himmel hat jedem Menschen Grenzen gesetzt und genau dadurch die Welt bunt geschaffen. Es ist also nutzlos und auch blödsinnig, wenn ich mich gänzlich darin verliere, alles können, alles haben, alles erreichen zu wollen und absurden Ansprüchen hinterherzurennen. Stattdessen darf ich meinen persönlichen Grenzen ein fröhliches „Ja!" zurufen, meine Schwächen freundlich grüßen und annehmen, was mir tatsächlich alles gegeben wurde. Selbstredend darf ich auch die Schwächen und Grenzen der anderen freundlich grüßen, akzeptieren und stehen lassen. Die Welt wäre ein deutlich freundlicherer Ort, wenn wir zu unseren Schwächen stehen könnten, ohne befürchten zu müssen, dass uns genau daraus ein Strick aus Hohn und Verachtung gedreht wird. Lasst uns gnädig mit uns und unseren Grenzen und unserem Unvermögen umgehen, mit den eigenen und denen der anderen.

**Der Himmel hat jedem Menschen Grenzen gesetzt und genau dadurch die Welt bunt geschaffen.**

Ich kann nicht alles haben, daran lässt sich nicht rütteln. Die meisten Menschen haben sehr genaue Vorstellungen, sehr detaillierte Ansprüche, was zu ihrem guten, erfüllten Leben unbedingt dazugehören soll. Nicht alles davon wird einem gegeben, nicht alles ist für mich vorgesehen. Ich persönlich bin noch nie auf den Gedanken verfallen, mir das Scheitern, den Mangel oder Verlust als Anspruch zu manifestieren, und doch lässt sich das Leben ohne all das nicht denken. Ich kann also sehr viel Lebenszeit damit zubringen, mit meinen Umständen zu hadern, mit dem, was ich nicht erreichen konnte oder durfte. Manche Umstände sind tatsächlich fürchterlich und fürchterlich ungerecht. Es gibt Lebensgeschichten, die dir einfach die Sprache rauben, Ungerechtigkeiten und widrige Bedingungen, unverschuldete Not und Kummer, der das Herz zu zerreißen droht. Beziehungen können gründlich misslingen, Krankheiten tauchen aus dem Nichts auf, Geldsorgen und Sorgen um deine Lieben können wie Beton im Magen liegen. Manche Geschichten meines Lebens trage ich seit vielen Jahren mit mir herum. Es sind die schmerzhaften Risse in meiner Biografie, die unerfüllten Sehnsüchte und die Brüche auf dem Lebensweg, die mich immer mal wieder straucheln lassen. Ich kann sie nicht rückgängig machen, ihren Verlauf nicht ändern, ihre Auswirkungen auf meine Seele und mich nicht auslöschen. Blöderweise nützt das Hadern gar nichts, der Verbleib im Jammertal, das Suchen nach Verantwortlichen ist kräftezehrend und fruchtlos.

***Die Welt wäre ein deutlich freundlicherer Ort, wenn wir zu unseren Schwächen stehen könnten, ohne befürchten zu müssen, dass uns genau daraus ein Strick aus Hohn und Verachtung gedreht wird. Lasst uns gnädig mit uns und unseren Grenzen und unserem Unvermögen umgehen, mit den eigenen und denen der anderen.***

Alles, was ich vermag, ist Frieden schließen. Frieden zu schließen mit den Geschichten, die deinen Anspruch nicht erfüllen konnten, ist ein wichtiger und entscheidender Schritt, wenn du zufrieden leben möchtest. Ich muss ihn gehen, immer wieder. Du auch. Es gibt kein Anrecht auf einen gesunden Körper, auf gelungene Beziehungen, eine steile Karriere, auf einen erfüllten Kinderwunsch und sorgenfreies Familienleben. Du kannst weder beim Leben noch beim Himmel einklagen, was du dir erhofft, erwünscht und ersehnt hast. Manches kannst du dir erarbeiten, vieles bekommst du geschenkt, aber alles kannst du nicht haben. An manchen Stellen deines Lebens bleibt eine schmerzliche Lücke. Mit diesen Lücken kann man nur Frieden schließen, sie annehmen als notwendigen Teil der Vergangenheit oder Gegenwart, sie stehen lassen als Leerzeichen deines Lebens. Kaum ein Schritt geht sich schwerer als dieser. Wie alle Schritte der Versöhnung kostet er Mut und Kraft und immense Stärke. Aber ein Leben in Unfrieden und Unzufriedenheit, gefangen im Hadern und Verzweifeln kostet dich noch viel mehr. Ich will immer wieder Frieden schließen mit der Tatsache, dass längst nicht alle Ansprüche erfüllt werden können, mit den Rissen, mit den Leerstellen. Ich will weiter hoffen, dass der Schöpfer selbst irgendwann heil machen und füllen wird, was ich als Lücke mit nach Hause bringe. Friedensverhandlungen sind zäh und mitunter schwierig, aber auch sie sind ein Schlüssel in die Freiheit und in das eigenverantwortliche Handeln, in das freie Gestalten meines ganz ureigenen Lebens.

***Frieden zu schließen mit den Geschichten, die deinen Anspruch nicht erfüllen konnten, ist ein wichtiger und entscheidender Schritt, wenn du zufrieden leben möchtest.***

Perfektion und Anspruch lassen mich hin und wieder nicht nur rennen wie einen koffeingetränkten Hamster im Rad, sondern können mühelos auch das Gegenteil erreichen. Dann erstarre ich, gelähmt und unfähig, die nötigen Dinge einfach anzupacken. Als ich ein kleines Mädchen war, lief im Fernsehen eine der damals beliebten Weihnachtsserien. Anna, eine junge Balletttänzerin und all die dramatischen Geschichten um sie herum haben mich damals nachhaltig beeindruckt. Rasend gerne wäre ich eine anmutige, grazile und vor allem tanzende Ballerina gewesen. Leider war ich weder anmutig noch grazil, eher klein und rund. Sportunterricht bestand damals aus schnell rennen, weit werfen und Reckturnen. Weil ich das alles leider nicht besonders schnell oder besonders weit erledigen konnte und mich mit dem Reck eher Nahtoderfahrung als ein gelungener Felgaufschwung verband, hatte ich mich in der mir zugewiesenen Schublade „Unsportlichkeit und ihre Folgen“ längst abgefunden und eingerichtet. Ich wäre niemals nur auf die Idee gekommen, um Ballettstunden zu bitten, wagte nur zu träumen, nicht zu fragen, und hätte auch mit Sicherheit schallendes Gelächter geerntet. Aus heutiger Sicht und mit liebevollem Blick auf das kleine Mädchen, das ich einmal war, muss ich ehrlicherweise zugeben: Nein, eine zartgliedrige Ballerina, die Schneeflöckchen gleich über die Bühnen der Welt schwebt, wäre ich wohl nie geworden. Aber Freude hätte ich gehabt, Bewegung und ein Gespür für Musik und Rhythmus. Inzwischen selbst Mutter verzweifle ich manchmal an der lähmenden Wirkung von Anspruch und Perfektion. Wie oft habe ich Dreijährige zum Malen ermutigt, wild und frei und wie es ihnen in Herz und Finger vorgaben. Aber nein: Weil den Fingern nicht die perfekte Wiedergabe der realen Welt gelingen wollte, weil ein gemaltes Auto anders aussah als ein echtes, weil der eigene Anspruch unerreichbar war, ließen sie es lieber ganz bleiben.

**Ich will immer wieder Frieden schließen mit der Tatsache, dass längst nicht alle Ansprüche erfüllt werden können, mit den Rissen, mit den Leerstellen. Ich will weiter hoffen, dass der Schöpfer selbst irgendwann heil machen und füllen wird, was ich als Lücke mit nach Hause bringe.**

Wie viele Worte werden nicht geschrieben, wie viele Bilder nicht gemalt, wie viele Lieder nicht gesungen, wie viele Träume bleiben ungelebt? Allein nur deshalb, weil Perfektion und Anspruch ihr lähmendes Gift in Träume, in Sehnsüchte und in funkelndes „Ich würde es so gerne mal probieren“ einsickern lassen. Natürlich gibt es herausragende Tänzer und Tänzerinnen, große Begabungen und herausragende Talente, eine Vielzahl von begnadeten Köchen, Bäckern, Olympioniken und Gartenexperten. Natürlich kann Barbara besser nähen und rechnen als ich, der Gatte trägt die Weltgeschichte in seinem Kopf spazieren, Veronika hat den Garten Eden neu erschaffen, Sonja backt Torten, die mich staunend den Kopf schütteln lassen und Britta vermag sogar Häuser zu planen, in denen man wohnen kann. Wunderbar, ich bewundere all ihr Können! Aber das soll mich nicht davon abhalten, auszuprobieren, was ich schon immer mal probieren wollte. So kannst du mich immer wieder malen sehen, ganz für mich allein, schiefe Torten backen und wilde Tänze in meiner Küche aufführen. Welche Träume schlummern in dir, was wolltest du schon immer mal ausprobieren? Was, wenn die Ansprüche und Selbstzweifel einfach verschwunden wären, das Bewerten und Kategorisieren, was, wenn es einfach ums Ausprobieren, um Freude und Erfahrung ginge? Selbst wenn es dir an jeglichem Talent mangeln würde, aber die Lust und die Neugier in deinem Herzen aufflackern, dann lege los. Die herausragenden Leistungen anderer sollten kein Hindernis sein, die Aussicht auf ein klägliches Endergebnis kein Grund, es nicht wenigstens zu versuchen. Wenn es keine Freude bringt, lässt man es wieder sein und ist im besten Fall um ein Erleb-

*Die herausragenden Leistungen anderer sollten kein Hindernis sein, die Aussicht auf ein klägliches Endergebnis kein Grund, es nicht wenigstens zu versuchen.*

nis reicher. Vielleicht entdeckst du aber etwas, das sich als kleines Stück vom Glück erweist, was dein Herz hüpfen und deine Seele lächeln lässt. Wäre es nicht wahnsinnig schade, wenn dir diese Entdeckung verborgen bleiben würde? Vielleicht wird das Ergebnis deiner Bemühungen nicht im Louvre ausgestellt, vielleicht werden deine Worte nicht veröffentlicht und vielleicht tanzt du deinen Tanz allein für dich im Wohnzimmer. Aber du tust es, einfach, weil du es möchtest, weil du frei sein darfst und dich keinem Anspruch unterwerfen musst.

Wenn morgens um sechs der Wecker klingelt, dann springe ich manchmal in den Tag wie ein junges Füllen und manchmal krieche ich wie ein geschlagener Hund. An manchen Tagen ist mein Vorrat an Empathie, Geduld und Verständnis schier unermesslich, an anderen ist der Tank schlicht leer. Oft kann ich gut für meinen Körper und mich sorgen, oft aber auch nicht. Hin und wieder fließen die Worte nur so aus mir heraus, an einem anderen Tag bin ich sprachlos. Ich bemühe mich um vollwertige Mahlzeiten und vollwertige Unterhaltung für Geist und Seele. Mein Bemühen umfasst manchmal zwei Pfund Nudeln, zwei Gläser Pesto und einen richtig schlechten Krimi. Je älter ich werde, desto bockiger werde ich auch. Ich will mich annehmen, mich und meine Umstände, mein Vermögen und mein Unvermögen, denn ich bin ein freies Gotteskind. Befreit aus der Sklaverei der Ansprüche, ich vergesse es nur hin und wieder.

*Je älter ich werde, desto bockiger werde ich auch. Ich will mich annehmen, mich und meine Umstände, mein Vermögen und mein Unvermögen, denn ich bin ein freies Gotteskind. Befreit aus der Sklaverei der Ansprüche, ich vergesse es nur hin und wieder.*

# 9. Zwischen Scheitern und Gnade

Vor einigen Monaten, als die Gedanken und Ideen zu diesem Buch in meinem Kopf wild umeinander hüpften, fragte eine liebe Freundin nach meinem neuen Projekt. Es ist fast unmöglich, eine laut ausgesprochene Inhaltsangabe zu einem Buch fertigzubringen, das bislang ausschließlich in der eigenen Gedankenwelt existiert. Alles, was man sagt, klingt irgendwie hohl und wirr. Ich versuchte es trotzdem. „Ach", meinte sie, „wie interessant. Du schreibst ein Buch über das Scheitern!" Irgendwie schon, da hatte sie recht. Aber irgendwie auch nicht. So ganz wollte ihre Einschätzung und meine hüpfenden Gedanken nicht zusammenpassen, sosehr ich auch darauf herumkaute. Ich wollte nicht über das große Scheitern schreiben, auch wenn es wohl jedem Menschen gelegentlich passiert. Zerbrochene Ehen, berufliche Misserfolge, hoffnungslose Beziehungen, ach, es gibt so viele Möglichkeiten, krachend gegen eine Wand zu fahren. Doch hier und jetzt sollte das nicht mein Thema sein. Ein kleines Weilchen später versuchte ich bei einer anderen Freundin meine Überlegungen in nachvollziehbare Worte zu fassen. „Wie schön!", rief sie aus. „Du schreibst ein Buch über Gnade!" Tatsächlich?! Ich fing an zu lachen und alle wirren Ideen rutschten plötzlich an Ort und Stelle. Nein, kein Buch über das Scheitern und kein Buch über Gnade im eigentlichen Sinne, sondern ein Buch über das Leben zwischen diesen beiden Polen, das ganz alltägliche und unspektakuläre Mühen um das richtige Wie. Wenn ich alle meine Erfahrungen, all meine mühsam erworbenen Lebensweisheiten und all meine persönlichsten Wahrheiten, gesammelt, erkämpft und ordentlich durchlebt, auf einen Nenner bringen müsste, dann wäre es dieser: Dein Leben findet immer zwischen diesen beiden Enden statt. Zwischen Scheitern und Gnade musst du dich einrichten, deinen Platz finden, dich immer wieder neu orientieren und finden. So richtig und wichtig all unsere Werte, Ideale und Gebote, gleich ob biblisch begründet, in der Kindheit vermittelt oder religiös verortet, selbst erkannt oder von anderen an die Hand gegeben, so richtig und wichtig sie alle sein mögen – in Gänze wirst du sie nie erreichen. Wenn du in deinem Leben wahrhaftig leben willst, wenn du es füllst mit Begegnungen und Beziehungen, mit deinen Wünschen und Bedürfnissen, mit allem, was es dir vor die Füße wirft, dann haust du dir auch an den hehrsten Idealen irgendwann die Zähne aus. Besagte Freundin vom Anfang hat selbst einen wunderbaren Aufsatz zum Thema Scheitern geschrieben[1] und weist darauf hin, dass die ganze Bibel voller Geschichten des Scheiterns ist, ja, sie spricht sogar von einer Theologie des Scheiterns. Menschen sind dabei in die Irre gelaufen und davongelaufen, haben sich wechselseitig das Leben zur Hölle gemacht, einander bestohlen und betrogen, selbst die, die wirklich gute Absichten hatten. Du findest Zaudern und Zweifel, Rechthaberei und Eifersucht auf nahezu jeder Seite. Du

**Dein Leben findet immer zwischen diesen beiden Enden statt. Zwischen Scheitern und Gnade musst du dich einrichten, deinen Platz finden, dich immer wieder neu orientieren und finden.**

---

1 Dr. Eva Baillie: „Scheitern und erzählen“, Mainz 2022

kannst bei Adam und Eva anfangen und dich durchlesen bis zu den zankenden Aposteln in den ersten christlichen Gemeinden. Sie alle haben ihr Bestes gegeben, um mit ihrem Gott ein gutes Leben zu leben. Sie alle sind dabei immer wieder auf die Nase gefallen. Das sind in erster Linie großartige und befreiende Nachrichten. Denk nur an den, der für uns am Kreuz hing, eben weil er ganz Mensch war, tiefer fallen kann man nicht. Zum Menschsein gehört das Straucheln und Fallen, das Stoßen an die Grenzen des eigenen Herzens, das Durcheinander der Gefühle und das Kämpfen mit den Umständen.

Wir brauchen Gebote und Ideale des guten Handelns. Wir sind angewiesen auf Werte wie Mitmenschlichkeit, Respekt und Achtung vor der Meinung, den Gefühlen, dem Leben und dem Hab und Gut der anderen. Die zehn Gebote sind mehr als nur zehn Tipps zum gesunden Leben, anzuwenden bei Bedarf und nach Lust und Laune. Das Leben, das Lehren und Sterben Jesu umfasst unendlich vielmehr als nur einen Ratgeber für sinnerfülltes Leben. An ihnen sollen wir uns messen, an ihnen müssen wir uns ausrichten, sie fordern uns jeden Tag heraus. Und doch scheint der Himmel sehr genau um die Begrenzungen menschlicher Herzen zu wissen, um unser tiefes Unvermögen all diesen Geboten im normalen Wirrsal des Lebens in Gänze Folge zu leisten.

**Zum Menschsein gehört das Straucheln und Fallen, das Stoßen an die Grenzen des eigenen Herzens, das Durcheinander der Gefühle und das Kämpfen mit den Umständen.**

Veronika Smoor schreibt in ihrem Buch „Hoffnung leuchtet“[2] über das Sprichwort „Gott schreibt auch auf krummen Linien

---

2 Veronika Smoor: *Hoffnung leuchtet*, © SCM, Holzgerlingen 2020.

gerade“ und von ihrer Überzeugung, dass Gott gar nicht die Absicht hat, uns mit einem Handstreich geradezubiegen. Vielmehr lässt er uns unsere krummen Zeilen schreiben, fügt die Fortsetzung hinzu, kleine Randnotizen und das Ende. „Dann rahmt er unser Werk ein und hängt es sich stolz an die Wand, so wie eine Mutter die ungelenken Zeichnungen ihrer Kinder aufhängt und ihr Herz vor Liebe überfließt ... ein Kunstlehrer würde vielleicht die Note fünf oder sechs geben ...“ Ich liebe dieses Bild und teile es gerne. So sehr ich mich auch bemühe, ein gutes, ordentliches Leben zu führen, so sehr ich mich auch anstrenge, meinen Werten und Idealen treu zu folgen, so werde ich doch in meinem Leben immer und immer wieder daran scheitern. Am Ende wird wohl ein inbrünstig gemaltes, aber trotz allem ziemlich krummes und schiefes Kunstwerk dabei herauskommen. Aber es wird *meines* sein. Wie sehr ich darauf hoffe und daran glaube, dass Gott dieses windschiefe Gesamtkunstwerk in seine liebenden Hände nimmt und sagt: „Sieh nur, das hast du doch ganz wunderbar gemacht, ich finde es großartig!“

**Am Ende wartet die Gnade, die uns liebevoll umfängt. Am Ende bin ich einfach ein Mensch, weil es nur einen Gott gibt, nur einen, der vollkommen ist, nur einen, dessen Liebe und Güte nicht an menschliche Grenzen stößt, sondern grenzenlos ist.**

Am Ende wartet die Gnade, die uns liebevoll umfängt. Am Ende bin ich einfach ein Mensch, weil es nur einen Gott gibt, nur einen, der vollkommen ist, nur einen, dessen Liebe und Güte nicht an menschliche Grenzen stößt, sondern grenzenlos ist. Wie oft schlägst du dir an ebendiesen Grenzen den Kopf an und raufst dir die Haare, wie häufig haderst du mit dir, wie oft verzweifelst du, weil du wieder mal die falsche Abzweigung genommen hast, obwohl du es doch längst besser weißt? Sei gnädig mit dir, sei gnädig mit den anderen, lass uns schon jetzt etwas von Gottes Gnade kosten und verschenken. Nein, keiner von uns sollte sich aufführen wie Barbaren, keiner sollte lieblos betrügen und lügen, goldene Kälber umtanzen und dem Geiz einen Altar bauen. Ohne Vergebung können wir kaum leben und es ist unerlässlich, unsere Wirklichkeit immer neu zu gestalten. Aber wenn es an manchen Stellen nicht gelingt, wenn du strauchelst und zweifelst und dein Leben nicht allezeit hübsch präsentabel, den Menschen und Gott gefällig erscheint, dann herzlichen Glückwunsch! Du bist ein Mensch! Geh und erzähle anderen davon, denn das sind die wirklich wichtigen Geschichten, die Mut machenden und die, durch die himmlische Gnade schimmern und das Leben von uns allen heller machen kann.

Ich glaube wirklich, dass es eine Lebensaufgabe ist, sich einzurichten, dass unser Seelenhaus auf dieser Erde niemals fertig wird. Es ist wahrlich nicht immer einfach, dein Herz und dein Leben so zu gestalten, dass alle, die darin leben, nicht zuletzt du selbst, gerne und in Frieden darin wohnen. Du musst dich einrichten zwischen deinem Wollen und deinem Können, zwischen Scheitern und Gnade, deinem Anspruch und deiner Wirklichkeit, jeden Tag aufs Neue. Manchmal gelingt es besser, manchmal schlechter. Wenn es danebengeht, dann flüstert dir Gottes Gnade aus der Ewigkeit zu: „Mach dir nichts draus, geliebtes Kind. Morgen versuchst du es einfach wieder!“

# *Momente zum Innehalten*

Jeden Tag kann eine Menge schiefgehen. Das weiß Ramona Eibach gut. Deshalb hat sie es sich zur Aufgabe gemacht, Momenten zuzuhören. Für dieses Buch hat sie sich mit Notizapp und Kamera auf Entdeckungsreise begeben, um festzuhalten, was sie aus verkorksten, unbeachteten oder besonderen Situationen lernen kann. Ehrlich, mit Tiefgang und einer Prise Selbstironie reflektiert sie über kleine Entdeckungen und Begegnungen. Sie möchte Mut machen, alles als Anlass zu nehmen, um einen Moment zum Leuchten zu bringen. Ob Natur, Familie, Arztbesuche, Berufsleben, Sport oder Kunst: Überall lassen sich Erkenntnisse gewinnen, um aus negativen Gedankenkreisläufen auszubrechen. Ein Buch voller kurzer seelenwärmender Geschichten, die zum Innehalten einladen.

Ramona Eibach
**Funkelflocken**
Wenn der Moment
zu leuchten beginnt -
Kleine Alltagsgeschichten

gebunden,
mit Lesebändchen,
192 Seiten,
ISBN 978-3-7615-6928-3

# *Für kleine Auszeiten – authentisch und voller Wärme*

Katharina Weck hat die Gabe, kleine Alltagsschätze nicht zu übersehen und das Schöne im Hässlichen zu finden. Diese Fähigkeit hat sie gerettet, als ihr damals fünfjähriger Sohn schwer erkrankte. Sie lernte, Zufriedenheit in kleinen Augenblicken zu finden und nicht zu verbittern, um für ihre Familie ein weiches Herz zu behalten. Katharina lädt Leserinnen und Leser ein, sich einen Moment Zeit für sich selbst zu nehmen und neu Kraft zu tanken. Ihre seelenwärmenden Texte erzählen vom Familienalltag und von kleinen und kleinsten Alltagsfreuden, lassen einen schmunzeln oder befreit aufatmen. Sie sind ein ehrlicher Blick auf das, was wir wirklich brauchen. Ganz nebenbei erfahren wir, wie es gelingt, auch trotz vieler Sorgen glücklich zu sein, und wie Nächstenliebe dabei hilft, zufriedener im Alltag zu werden.

Katharina Weck
**Jenseits meiner Grenzen der weite Horizont**
Momente zum Innehalten und Kraftschöpfen

gebunden,
mit Lesebändchen,
176 Seiten,
ISBN 978-3-7615-6820-0

neukirchener